WIZARD

インデックスファンドを推奨する42の理由

パッシブ投資は勝者のゲーム、
アクティブ投資は敗者のゲーム

Enrich Your Future

The Keys to Successful Investing
by Larry E. Swedroe

ラリー・E・スウェドロー［著］　長岡半太郎［監修］　井田京子［訳］

Pan Rolling

Enrich Your Future : The Keys to Successful Investing
by Larry E. Swedroe

This translation published under license with the original publisher John Wiley & Sons, Inc. through Japan UNI Agency, Inc., Tokyo

監修者まえがき

本書はバッキンガム・ストラテジック・ウエルスの調査部長であるであるラリー・E・スウェドローによる〝Enrich Your Future：The Keys to Successful Investing〟の邦訳で、投資で生き残り、成果を上げるための知恵について解説した入門書である。

スウェドローの著書では二〇一八年に出版された**『ファクター投資入門』**（パンローリング）が有名で、これはかなり衝撃的な相場書であった。今でもファクター投資について、一般投資家にも理解できるように分かりやすく説明できている書籍はほかにはない。

だが、それ以上に革新的だったのは、二〇〇二年に邦訳が出版された**『間違いだらけの投資法選び』**（パンローリング）である。私は当時、近しい人から、投資に関して読んでおくべき書籍は何かと問われ、**『間違いだらけの投資法選び』**だけを手渡したことをよく覚えている。そこでは、投資において必要なのは特異な技術や優れた感覚ではなく、単に客観的で合理的な判断と受動的な行動であるということが繰り返し語られていた。今でこそ、インデックス投資の優位性とアクティブ運用の欠陥は広く認識されているが、当時はそれを理解している人はほとんどいなかった。あれから二〇年以上が経過した今、スウェドローの主張が完全に正しかったことは明らかだ。彼のアドバイスに従った人ならば、他のあらゆる投資スタイルを凌駕し、十分な資産を築くことができたことだろう。

一方で、私自身はスウェドローの本に記された考え方の先進性と慧眼に感銘を受けていたにもかかわらず、間抜けなことにそれを実践することはなかった。まことに悔やまれることだが、いくら良いことを知っても実践しなければまったく意味はないということだ。

今回本書が出たことで、多くの人がこれを手にし、実際にスウェドローのアドバイスに従って、投資を実践されることを強く願う。将来を見越した資産形成が必要か否かは、人により違うだろうが、少なくともそれを手堅く実現するための正解はここにある。

刊行にあたって以下の方々に感謝の意を表したい。井田京子氏は正確な翻訳を行っていただいた。そして阿部達郎氏には丁寧な編集・校正を行っていただいた。また、本書が発行される機会を得たのは、パンローリング社の後藤康徳社長のおかげである。

二〇二四年一〇月

長岡半太郎

私の人生に毎日喜びを運んでくれる孫たち、ジョナサンとソフィーとグレーシー・ローゼン、ルビーとエロイーズとウィット・モリス、ウイリアムとロージー・ブレナンに捧げる

目次

第4部　投資でも人生でも勝つ戦いをする

「事実ならば学ぶ。真実ならば信じる。しかし、良い話ならば永遠に心に残る」――作者不明

　この素晴らしい本を読めば、ラリー・スウェドローの下で投資について大いに学ぶことができる。そのなかのいくつかを見ていこう。まず、知識があり、勤勉な個人投資家は銘柄選びとマーケットタイミングで確実に株式市場をアウトパフォームすることができる。もしそれが信じられなくても、高給で高学歴のプロのマネーマネジャーは安定的に市場をアウトパフォームすることができる。それも信じられないだろうか。しかし、スウェドローは少なくとも過去に市場を打ち負かした人は、将来もそれができると説得力を持って語っている。もし彼の言葉を信じなくても、年金基金や基金や財団の投資委員会のような洗練された機関投資家は、長期的にたくさんの付加価値を与えるマネーマネジャーを雇ったり解雇したりする権限を持っている。スウェドローが紹介するプロが市場を打ち負かすさまざまな方法についてはこのくらいにしておこう。ほかにも、彼は投資に関するたくさんの重要なことを伝えている。例えば、①株は十分に長い期間保有すれば無リスクになることもある、②自分の勤めている会社が心から好きならば、その株を買い続けて大きな資金を作っていくことが低コストの賢い選択になる、③ドルコスト平均法は投資で成功するための秘訣である、④金を保有することでインフレリスクをヘッジできる、⑤弱気相場がなければ株式市場はパラダイスになる――といったことだ。まだまだ書くことはできる（それが本書だ）。つまり、本書には素晴らしい知恵が詰まっている。

本書は重要な本で、初めてスウェドローの本を読む人（投資経験があるのに彼の本は読んだことがない残念な投資家）にとっては少し読みにくいかもしれない。多くの神聖な牛が刺されている（多くの投資家が苦しんでいる、このフレーズには私の牛に関する格言も混ざっている）。具体的に言うと、あなたがこれから読もうとしている本は、私が前の段落で述べたことがすべて間違っていることを、かなり説得力を持って伝えている。実は、彼の教えはそれらとはまったく逆で、これらを信じていると長期的な資産形成にかなり有害だと言っている。

このことは自分で調べることもできる。コメディアンのスティーブン・ライトは、一九八一年のアルバム「子馬を飼っている」のなかで、「辞書を読んだ。これはあらゆることに関する詩だと思った」と言っている。ライトに倣って辞書を最初から読んでもよいが、私は勧めない。話を戻すと、本書で伝えていることは、学者や実践者の論文を何百本か読んで理解すれば分かることだ。ただし、このなかには難解な数式も含まれている（必要かどうか分からないが）。しかし、その代わりに本書を二～三時間で楽しく読んですべてを理解することもできる。本書に出てくるのは、概念を理解するために必要な数字だけで、主に平均値や、重要なことと重要ではないこと、どの時間に何がどのくらいの規模で起こる傾向があるかといったことくらいだ。スウェドローは、何百本もの本格的な論文の数式を、分かりやすいエピソードに書き換えて伝えている。

彼の物語にも多少の数式が出てくることはすでに書いた。しかし、彼が伝えるエピソードは紀元前七世紀のギリシャ人が焚き火のそばで朗読したホメーロスほど難解ではない。ちなみに、本書で引用されている論文はかなり難解だが、スウェドローは難しいことを簡単にしたり、複雑なことをシンプルにしたりするために、その内容をエピソードの形で伝えている。彼は回帰分析や行列代数を用いる代わりに、ゲイロード・ペリーからシーシュポスまで幅広い例を使って説明している。これは学術的なファイナンシャル・アナリシス・ジャーナル誌には絶対に出てこない。

この素晴らしい本で、私が最も共感したのは第24章「なぜ賢い人たちが愚かなことをするのか」である（ちなみに、お気に入りの第二位は第35章で、ＣＮＢＣのジム・クレーマーの番組を見るのは高くつくという警告だ）。理由は、賢いはずの私でもかなり頻繁にバカなことをしているからではない。確かに私はよくバカなことをするが、それは置いておこう。私が思い浮かべているのは、非常に個人的なことだが、二〇一八～二〇二〇年に定量的な銘柄選択を行っていた会社が有名な「バリューファクター」を信じて経験した恐ろしい時期のことだ。スウェドローは、過去のパフォーマンスが将来のパフォーマンスを示すものではないという証拠を次々と紹介している（ここは少し注意が必要なところで、スウェドローが言及しているのは、過去の積極的な銘柄選択やタイミングの選択が成功しても、それが将来を予測するものではないということ。特に、一般的な時間軸についてはそう言える。ただ、経済的に説明ができて、長期的・体系的に高パフォーマンスを上げるファクターを用いた「証拠に基づく」投資は別で、より魅力的かもしれないことについては私と同意見）。しかし、実はそれも正しくない。彼は、それも将来のパフォーマンスをマイルドに予測しているが、その符号が間違っている証拠を示している（調べた時間軸は主に三～五年。また、「マイルドに」という言葉が重要。もしどちらか選ばざるを得ないときは三～五年で負けたほうを選ぶのが勝ったほうを選ぶよりはマシだが、それもあまり信頼できる戦略ではないので、そこに財産を賭けるべきではない）。彼はこのことを投資信託やプロが運用する年金基金の運用会社を選択する話のなかで、幅広いリバランスのルールやさまざまなパフォーマンスの評価方法（例えば、ベンチマークとの相対的なパフォーマンス、生のパフォーマンス、さまざまなリスク調整後のパフォーマンスなど）を使って述べている。彼の言葉を引用しよう（それ以外にも、私は「資産クラスのパフォーマンスが悪い時期に新規ファンドが登場することはほぼない」という驚くほど控えめな一言も気に入っている。ラリー、もっと書いてくれ。そんなことはニワトリの歯ほど珍しい）。

結局、多くの投資家が同じことを何回も繰り返して違う結果を期待している。そして、彼らの多くがいったん立ち止まって、「過去のパフォーマンスに基づいて雇ったマネジャーが採用後にパフォーマンスが下がったのに、同じ基準で雇った次のマネジャーが高いパフォーマンスを上げると思うのか」と自問することもない。しかし、どうすれば何も変えないで、違う結果を期待できるのだろうか。私はこれまでこの質問を何回もしてきたが、答えが返ってきたことはない。ポカーンとされるだけだ。

こう指摘するのはスウェドローだけではない。別の例をランダムに挙げておこう。私が二〇一四年にファイナンシャル・アナリシス・ジャーナル誌に書いた「私がイラ立つことトップ一〇」という記事の第三位は「何も縛りがなければ、三～五年の結果で評価をするのはやはり罪なこと」だった。これは、スウェドローと同じことを、もっと短く、少ない証拠で辛辣に書いたものだ。勝者の運用会社（個別銘柄でも資産クラスでも「投資スタイル」でも）を三～五年の実績で選ぶのは間違っているだけでなく、ある意味逆の方法なのかもしれない。平均的に見て、これは負者を探す正しい方法とも言える（ただし、こちらも予測力はさほど高くないので大金を賭けてはならない）。もちろん、私がこれを書いたのは、三～五年の実績がかなり良かった二〇一四年だった。このようなことは、みんながうまくいっていない時期には書けない。そんなことをしたら、みんな目をむいてただの言い訳だと言ってくる。こんなことを大声で叫べるのは、過去三～五年にうまくいっているときに限られる。私もそうした。私の場合は叫ぶというより論じただけだが、心のなかでは叫んでいた。

そして、二〇一八～二〇二〇年になると状況は私たちが好む学術的なファクターベース戦略にとってかなり厳しくなった。これほどうまくいかなかった理由を正確に示すこともできる。歴史的な文脈で見ると、それがどれほどの痛みを伴い、私たちがチャンスだと思ったことがどの程度のものだったのかを測定することもできた。このときこそバルカン人くらい合理的な投資家、そして私たちも、バリュー投資を倍増させるべきだったのに、私たちはたくさんの顧客を失い、このチャンスをものにした投資家はほとんどいなかった。私たちの顧客である非常に洗練された人たちも例外ではなかった。洗練されていても関係ないというスウェドローの忠告を思い出してほしい（ナレーション　結局、それはとてつもないチャンスになり、次の三年間は非常にうまくいった。ただ、二〇二〇年末に想像したほどではなかったことは認める。二〇二〇年末に最高潮に達し、信じられないほど記録的なバブル――市場では不正確に「グロース株対バリュー株」と呼ばれていた――が約三年間、少しずつ下落し、合理的な戦略を続けたり増やしたりした人たちは報われたが、下落は緩やかだった。過去五年強の時期に最も似ているのは一九九九～二〇〇〇年のＩＴバブルとその後で、このときは二〇〇〇年三月のピークから二～三年ですべて下げた。今回はまだ約三分の一しか下げていない［つまり、今の時点で三年分のパフォーマンスを確定すべきではない。それではそこそこの戦略にしかならない］。歴史的に例がないほど安いときは、わずか三分の一の下げでも複数年にわたる強気相場につながる可能性がある。しかし、まだ三分の一だ。残りの三分の二も下げてほしい）。しかし、みんなはまたしても逆を行き、最近うまくいった銘柄を増し玉し、明らかに魅力的と言わざるを得ない銘柄を手放した。世界がどれほどおかしくなったかを示す証拠は十分すぎるほどあった。私自身も良い時期に「悪い時期に自動的に売るな」と書いたし、一九九九～二〇〇〇年のよく似た状況を生き伸びて繁栄した人はやり方が分かっているはずだし、スウェドローが紹介する巨大かつ堅牢なリサーチでみんな買うべきものを売り、売るべきものを買っていることが分かっているにもかかわらず、ほとんどの人はこれらのことができなかった（だからリサーチが存在するのだろうが、そのとおりにするのは難しい）。少し厳しく聞こえるかもしれないが、これが私のいつもの言い方だ（私は成功よりも苦痛の比率がかなり高いことに誇りを持っている。投資家がスウェドローのような人の主張に耳を傾けてこのような間違いを避けてほしいという私の熱烈な願いを締めくくるには少し変かもしれないが、私が信奉する戦略で、スウェドローが提唱する構造的かつシステム的なポジションは、投資家が不合理的なことをしてくれなければ、長期的な魅力の一部か、全部を失う可能性が高い。投資家はみんなほかの投資家の不合理さから素早く、痛みなしに利益を得たいと思っている。しかし、残念ながらそううまくはいかない。もしかすると、すべてのことには奇妙な公平性のようなものがあるのかもしれない。良いことを続けるのが難しいほど、しつこいようだが、もしそれを続けることができれば長期的には良い結果を得られる)。

ここまで読んで、本書はただのニヒリズムで、投資における有害な神話を論破することを称えるだけのものだと思うかもしれない。確かにそういう部分もあるが、それ自体にも非常に価値がある。それに、スウェドローはニヒリズムだけでは終わらない。本書のほぼすべての章からは、「多くの利己的な専門家が勧めることをやっても勝つことはできない」という悲痛な叫びが聞こえてくる。しかし、その一方でこれは「勝つために勝つ必要はない」という励ましでもある。彼は、プレーしないことでたいていは勝てると説得している。しかも、そこには人生に関する良いアドバイス――プレーしないことでより裕福になり、安心を得られるだけでなく、人生の一部を取り戻すこともできる――も含まれている。

スウェドローの見方は単純だ。広く分散し、コストを低く抑え、原因が分かっていればパフォーマンスを追いかけたり、厳しいパフォーマンスから逃れたりしないということである。また、市場でタイミングを計ることもしない。市場を打ち負かそうとしないで、学者が発見し、業界の応用研究者が絞り込んだ「ファクター」に集中していればよい(スウェドローはやや乱暴だが、おそらく正しく、これらが「ベータ」になりつつあると挑発している)。この最後のアドバイスについて、彼に反論するつもりはないということだけ言っておく（洞察力のある読者ならば、私が世界水準の驚くべき利己主義であることに気づくだろう）。

行動は少なめに、コストも少なめに、すべてを少なめに考える。あとは、すべての卵を一つのかごに入れてはならない。最悪のケースを想定し、それが起こったときに運命をともにしないようにしておく（第27章「パスカルの賭け」）。もし市場を打ち負かしたいならば、行動ファイナンスとも合致する確実な証拠と学術的な発見に基づく方法を用いるか、リスクプレミアムを確保して行うことを勧める。そして、最後までやり切ってほしい。

それならば、スウェドローはこれらの教えを大量の学術的証拠や素晴らしいエピソードや例え話を飛ばして最初から書いてくれればよかったと思うかもしれない。しかし、それで信じることはできただろうか。おそらく無理だ。しかし、今ならできるはずだ。

クリフ・アスネス（ＡＱＲキャピタル・マネジメント社
マネジング・アンド・ファンディング・プリンシパル）

アメリカ人は高校で生物学を学ぶため、投資よりもアメーバについてよく知っている。投資はすべての人にとって明らかに重要であるにもかかわらず、アメリカの教育制度はファイナンスや投資の分野をほとんど無視している。大学の経営学部や経営大学院に入らなければ、それを学ぶチャンスはない。例えば、私の長女は素晴らしい高校に行き、学年一〇位以内で卒業した。高校で生物学を習った彼女は、アメーバについて知っておくべきことをすべて知っている。しかし、金融市場の仕組みについては何の知識もない。もちろん、市場価格がどのように決まるかも知らない。しかし、このような基本的なことも理解していなければ、知識に基づいた投資判断を下せるはずがない。

多くの投資家も似たような状況にあるが、そのことに気づいてすらいない人も多い。彼らは市場の仕組みを理解しているつもりだが、現実はまったく違う。ユーモア作家のジョッシュ・ビリングスの言葉を借りれば、「バカなことをするのは知らないからではなく、知っていることが間違っているから」。結局、個人投資家は自分の判断がもたらす結果を理解するための基本的な知識を持たないまま投資をしている。これは、知らない場所に地図もGPSも持たないで行くようなことだ。多くの投資家はファイナンスの正式な教育を受けていないため、広く受け入れられている常識（深く浸透して疑問を持つ人はほとんどいない）に基づいて判断を下す。

本書に書いてあることの大部分は、常識――賢くて勤勉な人ならば市場で適正価格でない銘柄を見つけることができるので、割安の株を買ったり、割高の株を避けたり空売りしたりできる――とは正反対の内容になっている。また、この常識は、このような賢い投資家は市場でタイミングを計ることもできる――強気相場が始まる前に仕掛け、弱気相場が始まる前に売ることができる――ともしている。これこそがアクティブ運用、つまり銘柄を選択してタイミングを見てトレードすることである。それ以外は非アメリカ的だという考えすらある。私の昔の上司の言葉を借りれば、「勤勉、努力、調査、知性は素晴らしい結果をもたらすはずだ。管理しないでプロの管理に勝るわけがない」。

これは世の中の多くのことについては正しいが（だから常識になっている）、市場を打ち負かすことは例外であり、そこにこの考え方の問題がある。もし努力と勤勉さが常に素晴らしい結果を生むならば、知性と能力があり、よく働くプロのマネーマネジャーのほとんどが毎年のように市場を打ち負かすことができないことをどう説明するのだろうか。市場をアウトパフォームしたとしても、ランダムな期待値を超えるパフォーマンスを維持できないのはなぜだろうか。大手のコンサルティング会社が将来の高パフォーマンスを上げる運用会社を特定できないのはなぜだろうか。

もし先入観なく論理と証拠に照らせば、その常識が間違っているだけでなく、最初から理にかなっていなかったことに気づくだろう（モッシュ・レビーは「アクティブ運用の死重損失」という記事のなかで、アメリカのアクティブ運用ファンドのパフォーマンスを評価し、アメリカ株のアクティブ運用ファンドで投資家が被った損失は年間二三五〇億ドルに上ると推定している）[1]。実際、これは非論理的である。私は、本書で紹介するエピソードの単純だが魅力的な論理と、その理論を裏付ける証拠には圧倒的な説得力があり、読者はその正確さを認めてくれると確信している。かつては「地球平面説」や「天動説」が常識だったことを思い出してほしい。これらの例が示すように、常識が必ずしも正しいわけではない。言い換えれば、バカげたことを信じる人が何百万人いたとしても、それはやはりバカげたことなのである。

伝説はなかなか消えない。特に、それを権力層であるウォール街や金融メディアが維持したい場合は。そこで、本書では三つの目標を掲げる。一つ目は、市場の本当の仕組みを説明することである。そうすれば難しい概念も理解しやすくなる。ここではエピソードや例え話というなじみのある枠組みのなかで論理性を示し、投資の世界に関連させることで、この目標を果たしたいと思っている。エピソードのなかで論理を理解したうえでそれを投資と関連づければ、より明確になるはずだ。理論を支える証拠があればさらにそうなるだろう。

もしこの最初の目標を果たすことができれば、二つ目の目標である投資と市場の仕組みに関する考え方を永遠に変えることも果たすことができる。

そして三つ目の目標は、より知識に基づいたより賢い投資判断を下すための十分な知識を提供することである。

本書は、二つのタイプの読者を想定して書いた。一方のタイプは個人投資家で、もう一方のタイプはファイナンシャルアドバイザーである。投資のアドバイザーは、顧客が苦労して稼いだお金を無駄にして証券会社やファンドを肥やしたりするのをやめ、勝者の戦いをするよう説得するときに、本書のエピソードを役立ててほしい。

本書は四つの部に分かれている。第1部は市場の本当の仕組みや、証券価格の決まり方や、リスク調整後に高いパフォーマンスを上げるのが難しい理由などを理解する助けになることを意図している。第2部は、ポートフォリオを構築するときにカギとなる判断を下す助けになる。第3部は、人間の性質が投資の間違いにつながることと、知識を持つことが間違いを減らす助けになる。第4部は、勝者の戦いをする助けになる洞察を紹介している。

本書を読めば、勝つための戦略は実は単純で、エネルギーもあまりいらないということが分かる。つまり、この戦略は金銭的な目標を達成する可能性を劇的に高めるだけでなく、生活の質を高めてくれる（第40章「大きな石」参照）。今日の賢い投資家は、世界的に分散した「パッシブ運用」のポートフォリオを構築している。パッシブ運用の対象はインデックスファンドのみだと考える人もいるが、私はそれ以外にも証拠（意見ではなく）に基づき、透明性が高く、システマティックで再現可能な方法で構築されたファンドも含めている。ここでカギとなるのはシステマティックであることだ。ただ、システマティックに運用されるファンドを買うことは投資で成功するための必要条件でしかない。十分条件は、市場のノイズや、ウォール街や金融メディアのプロパガンダに惑わされないで保有し続けることである。

私の好きな言葉に、「教育費が高いと思うならば、無知になってみろ」がある。本書を読んで、ここで取り上げた問題をより深く理解したいと思ったり、知識を広げたいと思ったりしてくれたらうれしい。もし本書が楽しくてためになると思ってくれたならば、私は投資に関して、**『ファクター投資入門』『間違いだらけの投資法選び』**（パンローリング）の二冊を含めて一八冊の著書がある。これらは本書のテーマをより深く書いているだけでなく、ここでは取り上げることができなかったたくさんのことにも言及している。

ちなみに、本書で紹介したエピソードのいくつかは、『ワイズ・インベスティング・メイド・シンプル（Wise Investing Made Simple）』にも出てくるが、すべてのエピソードとデータは更新されている。

第1部　市場の仕組み

——株価の決まり方と市場平均をアウトパフォームするのが難しい理由

第1章　株と債券のリスクとリターンを決める要因

「賢い人が最初にやることを、愚かな人は最後にやる」――ウォーレン・バフェット

一九七七年、ビル・ジェームスは『1977ベースボール・アブストラクト（1977 Baseball Abstract）』を自費出版した。この本に関心を持って買ったのはわずか七五人だった。[1] 今日、ジェームスが毎年発行している本（今では『ビル・ジェームス・ハンドブック［The Bill James Handbook］』と呼ばれている）は、アメリカの国民的スポーツの野球におけるファンの必読書とみなされている。

ジェームスは厳密な調査によって、選手を評価するうえで特定の統計がほかの基準よりも意味があることを示した。彼の数多くの発見から一例を挙げると、打率とホームラン数は、みんなが考えているほど重要ではない。それよりも、例えば出塁率や長打率のほうが

より重要だとしている。

ジェームスは、野球の統計と勝てるチーム作りに関する考え方に革命を起こした。今日、主要なスポーツのチームには必ず統計の専門家（セイバーメトリシャン）のスタッフがいる。マイケル・ルイスは『マネー・ボール』（早川書房）のなかで、オークランド・アスレチックスのゼネラルマネジャーだったビリー・ビーンがセイバーメトリクスを用いて低予算でも勝てるチームを作り上げた経緯を描いている。

ジェームスは、選手が試合結果に与える影響を判断するときにどの要素が最も重要かを調べることで、世間の野球に対する考え方を一変させた。そして、ユージン・ファーマとケネス・フレンチも、一九九二年にザ・ジャーナル・オブ・ファイナンス誌に発表した論文「ザ・クロスセクション・オブ・エクスペクティッド・ストック・リターン（The Cross-Section of Expected Stock Returns）」[2]で金融経済学の分野に似たような影響を及ぼした。ファーマとフレンチの研究は、のちのスリー・ファクター・モデルを生み出した。ファクターは株や債券の特徴を表す共通した指標で、三つのファクターとは市場のベータ（市場リターンから一年物Tビルのリターンを引いた値）と、サイズ（小型株のリターンから大型株のリターンを引いた値）と、バリュー（バリュー株から成長株のリターンを引いた値）である。このモデルは、分散されたアメリカ株ポートフォリオのリターンの分散を九〇％以上説明できるとされている。

あまり知られていないが、ファーマ教授とフレンチ教授は債券ポートフォリオについても二ファクターモデルを考案している。二つのリスクファクターは期間とデフォルト（信用リスク）で、満期までの期間が長いほどリスクが高くなり、信用格付けが低いほどリスクが高くなるとしている。市場は、リスクをとる投資家に、高い期待リターンで報いる。ただ、株の場合と同様に、個別債券の銘柄選択とマーケットタイミングは債券ポートフォリオのリターンに大きな役割を果たさないため、付加価値は期待できない。

資産価格に対する私たちの理解はさらに進んだ。それから何年かで共通ファクターがいくつも見つかり、説明力はさらに高まった。主なものを挙げると、モメンタム（直近のパフォーマンスが高い証券は比較的短期間、それが続く傾向）、収益率（評価額に関係なく、収益率が高い会社のほうが収益率の低い会社よりも高いリターンをもたらす傾向）、クオリティーなどである。クオリティーは、収益率よりも幅広い特徴で、質の高い会社は収益率が高いだけでなく、財務レバレッジや営業レバレッジが低く（負債や固定費用が低い）、収益の変動が小さく、資本回転率が高く（資本を効率的に使っている）、個別リスクが低い（経済全体に関連しないリスク）ことなどが含まれる。

学術研究が投資のパフォーマンスに関する私たちの理解を進めた一例が、「バフェットス・アルファ（Buffett's Alpha）」[3]という論文である。著者のアンドレア・フラジーニとデビッド・カビラーとラス・ペダーソンは、伝説の投資家であるウォーレン・バフェットが経営するバークシャー・ハサウェイが保有している株のパフォーマンスを調べ、バークシャーが保険事業で得た安い資金の恩恵を受けているだけでなく、安全で安くて質が高く規模が大きい株を買っていることにもあるとしている。この論文で最も興味深い点は、このような特性を持った株は、バフェットが買ったもの以外も全般的に高いパフォーマンスを上げていることである。つまり、彼の成功はバフェットの戦略であるファクターのイクスポージャーによるもので、銘柄選択によるものではない。加えて、彼がパニック売りをしないこともパフォーマンスに寄与している。

投資家にとって良いことは、このような共通ファクターの「発見」によって、個人投資家も大変なリサーチをすることなく、何十年もこれらのファクターを使って成功してきたバフェットのような伝説の投資家と同じタイプの株に投資できるようになったことだ。それには、このような共通ファクターのイクスポージャーを提供するファンドに投資するだけでよい。例えば、質が高くて、経費率がわずか〇・一五％で、ＥＴＦ（上場投資信託）なので節税効果が高いｉシェアーズのＱＵＡＬ（MSC USA Quality Factor ETF）はこの条件を満たしている。

投資家にとっての影響

学術研究によって、銘柄選択やタイミングで市場をアウトパフォームする（税金などのコストを含めて）ための努力が報われる可能性はかなり低いと証明されたことは投資家にとって大いに影響がある。例えば、「ラック・バーサス・スキル・イン・ザ・クロスセクション・オブ・ミューチュアルフォンド・リターン（Luck Versus Skill in the Cross section of Mutual Funds Returns）」という研究では、三ファクターモデルのベンチマークを超えるパフォーマンスを上げたアクティブ運用のマネジャーは約二％で、これは偶然超える期待値よりも少なかったとしている[4]。しかも、これは税引き前の数字で、税金は課税対象の投資家にとってアクティブ運用の最大の経費になっている（ファンドの経費率やトレードコストよりも大きい）。

つまり、賢い戦略は次のようになる。

●自分の能力と意欲と必要なリスクを反映したポートフォリオを構築する。株式の部分は複数の資産クラスをグローバルに分散し、債券部分は必要に応じて信用リスクや期間リスクで分散する。

●アクティブ運用のファンドは避ける。インデックスファンドのように希望するファクターのイクスポージャーを体系的に取り、低コストで節税効果があるファンドに投資する。債券、特にそのための十分な資金がある人は、国債やFDIC（米連邦預金保険公社）が保証しているCD（譲渡性預金）のポートフォリオを構築し、課税口座ならば格付けがAAAかAAの地方債のなかの一般財源保証債か公共事業債に投資すればよい。通常、それをすれば信用リスクを大きく下げることができるため、分散の必要性も下がる（それが投資信託の利点）。このような戦略は、投資信託にかかる経費を減らすだけでなく、自分の状況や課税区分に合わせたポートフォリオを構築することができる。

●自分の戦略を続ける規律を持ち、市場のノイズやそれがもたらす感情（綿密に練った計画ですら放棄させる感情）を無視する。

教訓

知的な人たちは、新しいアイデアに偏見を持たない。そして、彼らは「常識」が間違っていることを示す魅力的な証拠があれば、戦略を変更することもいとわない。

一部の人にとって説得力のある証拠に直面しても自分のやり方を変えることができない人がいるのはなぜだろうか。理由の一つは、投資でも野球でも、あるテーマについて特定の考え方に慣れ親しんでいると、ほかのモデルに乗り換えるのが難しくなるからだ。しかし、ボストン・レッドソックスに倣って乗り換える価値はある。二〇〇二年末、レッドソックスはビル・ジェームスをシニアアドバイザーとして雇った。二〇〇四年、チームはワールドシリーズを制し、野球界で最も有名な呪いと私のハートを打ち抜いた。私は根っからのヤンキースファンだが、ヤンキースはリーグチャンピオンシップシリーズで三勝〇敗を覆された唯一のチームになった。

次は本書で最も重要なエピソードである。これは、証券の市場価格がどのように決まるかを説明するもので、その理解なくして勝てる投資戦略を決定することはできない。

第2章　市場はどのように価格を設定するのか

「ラスベガスでもチャーチル・ダウンズ競馬場でも地元のメリルリンチの支店でも金儲けは簡単ではない」――ポール・サミュエルソン

大学バスケットボールのシーズン中は、土曜日に一〇〇試合行われることもある。これらの試合では、強いチームを簡単に見分けられる場合がある。例えば、デューク大学は全米チャンピオンの有力候補だ。このチームを一九八〇～二〇二二年にわたって指揮したマイク・シャシェフスキー（通称コーチK）はウエストポイント（陸軍士官学校）出身で、彼は母校への恩返しとして毎年、ウエストポイントとの試合を組んでいた。ウエストポイントが勝つ確率は太陽が西から上るくらい低かったが、この試合はウエストポイントにかなりの収入をもたらした。このような一方的な試合は、「カップケーキ」ゲームと呼ばれている。

強豪校は、とくにシーズン前半に、カップケーキゲームが何試合か組まれている。そのときは、素人ファンでもたいていどちらが勝つか予想できる。ちなみに、「エキスパート」のファンは勝者を九〇％以上の確率で予想できる。理由は簡単だ。デューク大学のほうが優れたシューターとリバウンダーとディフェンダーがいるし、動きが速くて高くジャンプできる選手がいて、優秀な監督がいて、整ったトレーニング施設などもある。そうなると、ウエストポイントとデュークのどちらが勝つかは容易に分かる。

その一方で、勝者を予想するのが難しい試合もたくさんある。特に、シーズン後半にカンファレンス内トーナメントが始まるとそうなる。例えば、デューク大ブルーデビルズとライバルのノースカロライナ大ターヒールズの試合は予想が難しい。サルがダーツを投げても五〇％の確率で勝者を予想できるならば、知識が限定されていてもファンの予想はそれを超えと期待できるはずだし、「エキスパート」並みの知識を持つファンならば間違いなくサルよりもうまく予想できるだろう。エキスパートならば、精度は六〇％くらいになるかもしれない。

私たちの周りには、自分はスポーツのエキスパートだと思っている人が少なからずいる。

なかにはウェブサイトのドラフトキングス（架空のスポーツチームを作って対戦するゲーム）に登録している人もいる。彼らはカップケーキゲームの勝者を九〇％の確率で当て、そうでない試合でも六〇％くらいは当てることができるだろう。つまり、彼らはすべての試合の勝者を七五％くらいの精度で当てると期待できる。しかも、エキスパートはすべての試合に賭ける必要はない。予想が難しい試合には賭けなければよい。彼らは、少なくとも九〇％の確率で予想できる自信がある試合のみに賭ければよい。ただ、そのような能力があったとしても、私たちはスポーツに賭けて大金持ちになった人など聞いたことがない。そういう人を知っている人すら知らないだろう。しかし、スポーツに大金を賭けて少し儲けた人ならば聞いたことがあるかもしれない。

勝者を予想する確率がそれほど高いならば、なぜスポーツに賭けて大金を儲けた人を見ないのだろうか。答えは簡単だ。単純にデュークがウエストポイントに勝つことには賭けることができないからだ。デュークが勝つほうに賭けたければ、ウエストポイントに賭ける人にハンディキャップ（「ポイントスプレッド」とも呼ばれる）として、例えば四〇点を与えなければならない。つまり、デュークはウエストポイントに勝つだけでなく、四〇点以上の差をつけなければ賭けに勝つことはできない。このハンディキャップがあるせいで、金持ちのギャンブラーを見かけることはない。儲かっているのは胴元（ブックキーパー）だけだ。そして、金持ちの胴元がいるのは、ギャンブルにはコストがかかるからである。次のような例について考えてみよう。

マークはデューク・ブルーデビルスのファンで、このチームがウエストポイントに四〇点以上の差を付けて勝つほうに賭けるとする。賭けの用語を使えば、マークは点を「与える（give）」。一方、スティーブはウエストポイントの卒業生で、デュークが勝つ可能性が高いことは知っているが、そこまで点差がつくとは思っていない。そこで、彼は点を「受けて（take）」、ウエストポイントに賭ける。もしマークとスティーブが友人で、二人だけで賭けをしていれば「ゼロサムゲーム」になっている。例えば、一〇ドルずつ賭けると、一方が一〇ドル勝ち、他方が一〇ドル負け、プラスマイナスゼロになる。しかし、もしブックメーカーを通して賭ければ、二人は一一ドル賭けて勝っても一〇ドルしかもらえない。つまり、二人にとってマイナスサムゲームになる。賭けに勝ったほうは一〇ドルもらうが、負けたほうは一一ドル失う。差額の計二ドルは、ブックメーカーが徴収するいわゆる「テラ銭」で、それが彼らの利益になる。マークとスティーブの賭けはマイナスサムである。

ちなみに、だれが勝っても負けてもブックメーカーは勝つ。ブックメーカーは賭けてくれる人さえいればよい。投資との類似点が分かってきただろうか。ブローカーディーラーや株式ブローカーや自称アドバイザーといった人たちは、ブックメーカーと同じことをしているのだ。彼らは、あなたが勝っても負けても勝つ。だから、ウディ・アレンなら「株式ブローカーとはあなたのお金がゼロになるまで投資させる人」と言っただろう。言い換えれば、株式ブローカーの目的は資産をあなたの口座から彼らの口座に移すことにある。友人で数冊の素晴らしい著書があるウィリアム・バーンスタインは、次のように言っている。「株式ブローカーが顧客のためにしていることは、ボニーとクライドが銀行にしていることと変わらない[1]」

話を元に戻そう。ハンディキャップ（ポイントスプレッド）を設定するのがだれかを理解することが重要だ。多くの人は、ブックメーカーがスプレッドを決めると思っている。ただ、それが常識だとしても間違っている。ポイントスプレッドを決めるのは市場であり、ブックメーカーは最初のスプレッドを決めるだけだ。このことはぜひ理解しておいてほしい。まずは、ブックメーカーが「賭けをしたい」のか「賭けを受けたい」のかを理解する必要がある。この二つには違いがある。

もしブックメーカーが賭けをすれば、間違うと賭け金を失うかもしれない。株式ブローカーの場合も同じだ。もしあなたが株を買いたいとき（その会社に賭けたい）、だれかからその株を買わなければならない。株式ブローカーは自分が資金を失うかもしれないと思えば、あなたにその株を売らない。そこで、その株を売りたい人を探し、あなたとマッチングする。つまり、ブローカーは賭けをしてはいないが、賭けを受けてテラ銭（手数料）を稼ぐ。株式ブローカーと同様に、ブックメーカーも賭けを受けたいが、賭けはしたくない。そこで、彼らは需要と供給がバランスする（デュークとウエストポイントに賭ける金額が同じになるポイント）と信じる「価格」になるように最初のハンディキャップを設定する。この仕組みを説明するために、次の例を見ていこう。

もしブックメーカーがひどい間違いを犯して、デューク対ウエストポイントの試合のハンディキャップをゼロにしたらどうなるだろうか。もちろんギャンブラーたちはこぞってデュークに賭ける。そうすると、需要と供給がバランスしなくなる。すると、ブックメーカーはいやでも自ら賭けざるを得なくなる。

どの市場にも言えることだが、需要が増えすぎると価格は上がる。ハンディキャップが上がり始め、いずれ供給が需要に追いつくと、ブックメーカーが集めた賭け金は両サイド同じか、許容できる近さになる。そうなると、ブックメーカーは賭けを受けることができ

（賭けるのではなく）、結果がどうなろうと儲かる（勝つ）。

私が好きな映画「大逆転」で、エディ・マーフィも商品ブローカー会社のデューク・アンド・デュークについて同じように見ている。デューク兄弟が、自分たちは顧客が勝っても負けてもトレードごとに手数料を得ると説明すると、マーフィは「あんたたちはまるでブックメーカーだ」と叫ぶ。

もう分かったと思うが、ハンディキャップ（デュークの「価格」）は市場が決めている。つまり、あなたや私のようなスポーツについて少しは知っていると思っている大勢の素人（私も大学ではバスケットボール選手だった）が、スプレッドを設定している。しかし、プロのブックメーカーではない素人が設定したスプレッドでも、スポーツベッティングで金持ちになった人を私たちは聞いたことがない。つまり、大勢の素人が、最も知識があるファンでも価格のゆがみを見つけて勝つ（経費と労力を差し引いて）のが極めて難しい価格になるようにハンディキャップを設定していることになる。ちなみに、ここで重要なのは、「経費差し引き後」というところだ。

この賭けはテラ銭があるため、勝率が五〇％では勝てない。もしテラ銭が一〇％ならば、賭ける人（投資家）の勝率は五二・四％でないと儲からない。もちろん、これはそれ以外のコスト（条項を調べ、スプレッドを分析し、実際に賭けるまでの時間を含む）は考慮していない。

経済学的には、経費や労力を除いて価格のゆがみを利用することが難しい市場を「効率的」な市場と呼ぶ。スポーツベッティングで大儲けした人がいないことから、私たちは直感的にスポーツベッティングが効率的だと分かる。しかし、直感は間違っていることがよくある。そこで、直感を裏付ける証拠を確認しておこう。ただ、その前に定義しておくべきことがある。

ポイントスプレッドとランダムエラー

「不偏推定量」は、平均して高すぎも低すぎもしない統計量である。推定方法は、必ずしも現実に即した推定値にはならないかもしれないが、それはどちらの方向についても言える。そのため、スポーツベッティングのポイントスプレッドは、試合結果の不偏推定量になっている。これが毎回正しくなることは期待できないが、正しくない場合の誤差はゼロを中心にランダムに分布する。このことをさらに明確にするために、再びデューク対ウエストポイントの試合における四〇点のスプレッドについて考えてみよう。このスポーツベッティングが効率的だとみなされるために、デュークがぴったり四〇点差で勝つ必要はないし、その可能性はむしろ低い。ただ、そのこととスポーツベッティングの市場が効率的かどうかは関係がない。重要なのは、デュークが四〇点差前後で勝つかどうかだ。もし差が四〇点を上回る試合と下回る試合が半々で、いつどちらになるか知る方法がなければ、ポイントスプレッドは不偏推定量であり、市場は効率的とみなすことができる。このような理解の下、次は証拠を検証していこう。

証拠の検証

ポイントスプレッドは不偏推定量になっているという意味で正確だと示す研究がある。例えば、レイモンド・サワーによるＮＢＡ（全米バスケットボール協会）を六シーズン観察した研究で、ポイントスプレッドと実際のポイント差は四分の一ポイント未満[2]だった。そう考えると、市場は平均的に実際のハンディキャップを四分の一ポイント未満で当てたことになり、そこに一〇％の手数料を支払うと、スポーツベッティングで金持ちになった人の話を聞いたことがないことも理解できるし、スポーツベッティングの市場が効率的だということも分かる。ここで重要な教訓は、強いチームはたいていは簡単に見分けることができるが（この場合はデューク）、それは市場を利用して稼ぐ必要条件にすぎず、十分条件にはならないということだ。十分条件は、市場の価格のゆがみを利用できることである。例えば、デュークのハンディキャップは四〇点が妥当なのに実際には三〇点になっているようなチャンスを継続的に見つけることができれば、市場は非効率的と言える。しかし、そうはなっていない。

大学バスケットボールの例をもう一つ見ていこう。ダニエル・Ｃ・ヒックマンが、ＮＣＡＡ（全米大学体育協会）男子バスケットボールトーナメントに賭けた場合の効率性を一九九六～二〇一九年について調べた研究がある。このトーナメントは世界有数のスポーツイベントで、かなり大きな賭け市場を提供している。ヒックマンは、この市場の効率性から賭けの参加者が大きなバイアスを持っているかどうかを調べ、市場は非常に効率的だという結論に達した。例えば、シード上位校は多くの試合で勝つが、ポイントスプレッドを覆したケースは五〇％未満だった。また、市場はシード上位校のトーナメント戦における実際のスコアを驚くほど正確に予想し、その平均誤差はわずか〇・〇五ポイントだった。

そして、シード低位校が過小評価されたスコアもわずか〇・五ポイントだった。[3]

バスケットボールの賭け市場がただの例外だと思った人のために、イギリスのプロサッカーの例も紹介しておこう。ガイ・エラードとジェームス・リードとカール・シングルトンが二〇二〇年に発表した「インフォメーション、プライス・アンド・エフィシェンシー・イン・アン・オンライン・ベッティング・マーケット（Information, Prices and Efficiency in an Online Betting Market）」という論文では、二〇一〇～二〇一八年にイングランドで行われた一万六〇〇〇超のサッカーの試合について五一のオンラインブックメーカーが設定したオッズ（価格）を分析している。その結果、標準レベル（五％か一％、両側検定）において「ブックメーカーのオッズが特定の試合結果を過度に評価しているという統計的有意な証拠は見つからない[4]」と結論付けた。

競馬の場合はさらに驚くべき結果で、次のように考えるとなおさらそう思う。私の母はよく競馬に行っていたが、多くの人たちと同様に、賭ける馬をジョッキーの服の色や馬の名前で選んでいた。もしジョッキーが紫の服を着ていれば絶対に賭けない。母は紫が大嫌いだった。また、母は最初のレースでは必ず三頭に賭けていた。競馬ファンのなかには、馬の過去の成績や、好調・不調だったときのレース状況などを「科学的」に調べる人たちもいる。なかには馬のトレーニングを見に行って、タイムを測る人までいる。つまり、彼らのような「エキスパート」が私の母のような人たちと競っているのである。それでも、賭けに参加するすべての人の判断を反映している最終的なオッズは、信頼できる予想になっていた。一番人気の馬の勝率が最も高く、次が二番人気の馬の勝率、三番人気の馬がその次といった具合だ。さらにすごいことに、オッズが三倍の馬は約四分の一の確率で勝っていた。[5] 集合知はなかなか手強いようだ。

効率的市場

効率的市場とは現在知り得ることがすべて価格に織り込まれているため、トレードシステムが超過リターンを生み出すことができない市場である（デュークはウエストポイントよりもはるかに強いため、後者には四〇点のポイントスプレッドが与えられるが、それを超えてもならない）。そして、次に出てくる情報が市場の現在の予想にとって良いか悪いかもランダムである。効率的市場を打ち破る方法は、市場が知らない情報（例えば、チームの中心選手がケガをして出場できない）を得るか、チームに関する情報をほかの市場参加者よりも正しく分析するかしかない。つまり、人気があるほうのチームの強さが過小評価されているか、人気がないほうの弱さが過大評価されている試合を探せば、スプレッド、ひいては市場が間違っていることを利用できる。本当の勝負はスプレッドであり、スプレッドは市場全体の集合知である。このことを理解しておくことは重要である。その理由を見ていこう。

マークとスティーブの例に戻ろう。二人はデュークとウエストポイントの試合に賭けようとしている。もし二人が賭けられるスポーツベッティングの市場がなければ、自分たちでハンディキャップを設定しなければならない。このとき、もしマークのほうが知識は多く、スティーブはウエストポイントの卒業生だとすると、スティーブの気持ちが判断に影響するかもしれない。つまり、もしマークがハンティキャップとして三〇点を提示すると、スティーブは喜んでウエストポイントに賭けるかもしれない。その場合、マークはスティーブの情報の少なさを利用したことになる（マークが必ず勝つわけではないが、勝つ可能性は上がる）。

賭けの参加者（投資家）全員の知識が価格設定に反映される効率的な公開市場は、知識が少ない参加者（投資家）が搾取されるのを防ぐ。言い換えれば、効率的市場は洗練された知識の多い参加者（投資家）が、知識が少ない参加者から搾取する機会を奪う。これまで見てきたように、ポイントスプレッドは不偏推定量で、市場は効率的なので、市場は手強い競争相手になる。

スポーツベッティングにはほかにも理解しておくべき点や投資とのかかわりがある。まず、スポーツベッティングの世界では、多くの素人が価格設定にかかわっている。ただ、そうであっても利用できる価格のゆがみを探すのが非常に難しいことはこれまで見てきた。一方、投資の世界では、プロが価格を設定している。

トレードの九〇％は大手機関投資家によるものなので、素人の個人投資家ではなく洗練された投資家が価格を設定している。素人ではなくプロが市場を支配しているため、競争はさらに激しくなる。個人投資家は、株を買うときに、自分が巨大な機関投資家と競っていることを肝に銘じておいてほしい。また、個人投資家は、機関投資家のほうがはるかに多くの資金を持っているため、勝率が高いということも認識すべきである。

スポーツベッティングと投資のもう一つの違いは、デュークとウエストポイントの例が分かりやすい。仮にあなたがコーチKの親友だとする。彼が誕生日のプレゼントとしてあなたをデュークのロッカールームに招き、選手たちに会わせてくれた。試合直前のため選手たちの気持ちが高ぶり、ウォーミングアップが始まった。そのとき、デュークのスタープレーヤーでポイントガードの選手がバケツにつまずいて足首を骨折した。あなたは即座に携帯電話を取り出して四〇点のハンディキャップがあるウエストポイントに大金を賭けた。あなたはほかの参加者が知らない情報を得て、それを利用したのだ。ありがたいことに、この「トレード」は違法ではない。ただ、スポーツベッティングでは投資の世界で言うところのインサイダー情報に当たる情報が利用できるにもかかわらず、お金持ちになった人はほとんどどか、まったく聞いたことがないことを思い出してほしい。投資の世界では、インサイダー情報に基づいたトレードで利益を上げることは違法で、マーサ・スチュワートも有罪になった。しかし、インサイダー情報を知っていて試合結果に影響を及ぼすことができる個人（例えばピート・ローズ。彼については第6章で述べる）でさえ、このような情報を利用し続けることはできないようだ。

この証拠から、スポーツベッティングの市場は非常に効率的だと結論付けることができる。そして、このことはインサイダートレードを禁じるルールがなくても、スポーツについて多少知っているつもりの素人（彼らはたいてい頭ではなく心に従って地元のチームや母校に賭けている）が価格を設定していても変わらない。その一方で、投資ではインサイダートレードに対するルールがあるし、プロが価格を設定しているため、競争はより厳しくなる。そのうえ、スポーツベッティングと同様にコストがあるため、市場よりも賢いだけで勝てるものではない（スポーツベッティングのコストはテラ銭）。

株式市場で価格のゆがみを利用している投資家の問題はコストである。スポーツベッティングと同様に、アクティブ投資家が賭けるときには「胴元」（ブローカーディーラー）への支払いをしなければならない。トレードには、手数料だけでなく、買い気配値（ディーラーが買うつもりがある価格）と売り気配値（ディーラーが売るつもりがある価格）の差であるスプレッドもかかる。また、投資信託を買えば、運用コストがかかる。このコストは通常、銘柄選択やマーケットタイミングが不要なパッシブ運用のもの（例えば、インデックスファンド）よりも、アクティブ運用のもののほうが高い。機関投資家の場合は、コストにいわゆる「マーケットインパクトコスト」が含まれることもある。

マーケットインパクトコストは、投資信託などの大口投資家が大量の株を売買するときに発生する。機関投資家が売買すると、株価が現在の買い気配値や売り気配値よりも下がったり上がったりして、トレードのコストが増える。課税口座ならば、さらにアクティブ運用で生じるキャピタルゲイン税もかかることになる。

引き続き、投資家がどのように個別株の株価を決めているかを検証しながらスポーツベッティングと投資の類似点を見ていこう。

株価の決まり方

株価の決まり方は、スポーツベッティングのポイントスプレッドの決まり方と似ている。ポイントスプレッドが決まる過程によく似ているのが、ＩＰＯ（新規株式公開）を引き受ける幹事会社が株価を設定する方法である。ブックメーカーが市場を調べて需要と供給が均衡しそうなところに最初のポイントスプレッドを設定するように（そうすれば自ら賭けるのではなく賭けを受けることができる）、幹事会社も潜在的な買い手を調べ、発行する株がすべて売れる価格を予想して売り出し価格を決める。そして、ＩＰＯが完了すると、これらの株はいわゆる「セカンダリー市場」でトレードされる。スポーツベッティングと同様に、セカンダリー市場では需要と供給が価格を決める。ただ、株の場合はポイントスプレッドではなくＰＥＲ（株価収益率）やＢＴＭ（簿価時価比率）が価格を決めている。次の例を見ると、そのことがよく分かるだろう。

小売店の競争

投資家としてウォルマートとコールズのどちらの株を買うか迷っているとする。ウォルマートは小売業界を代表する企業で、優れた経営陣がいて、店舗は好立地にあり、卓越した在庫管理システムを持ち、財務基盤は強力で、オンラインビジネスも好調であることなど、強みはいくらでもある。これらの素晴らしい展望から、ウォルマートは成長株だとみなされている。一方のコールズは、どちらかと言えば弱い会社で、ＲＯＡ（総資産利益率）やＲＯＥ（株主資本利益率）は低く、財務基盤は弱く、ＤＥＲ（負債比率）は高い。コールズはこの比較的弱い展望から、バリュー株とみなされている。デュークとウエストポイントのどちらが強いかが簡単に分かるのと同様に、ウォルマートとコールズもどちらが良い会社かは簡単に分かる。どちらかを選ぶ場合、ほとんどの個人投資家が迷わずウォルマートを買うだろう。しかし、これは本当に正しい選択なのだろうか。

スポーツベッティングのケースで見たように、どちらが強いか分かっても、どちらに賭けたほうがよいかを決める助けにはならない。そこで、より良い会社を選ぶ能力が、投資判断の助けになるかを見ていこう。続きを読む前に、どちらがデュークでどちらがウエストポイントに該当するか考えてみてほしい。

仮に、ウォルマートもコールズもＥＰＳ（一株当たり利益）が一ドルだとする。これは、ウォルマートの利益がはるかに多くても十分あり得る。例えば、ウォルマートの発行済み株数が一〇億株で、コールズのそれが一億株かもしれないからだ。このとき、もしウォルマートもコールズも株価が一〇ドルだとしたら、どちらを買うだろうか。明らかにウォルマートだろう。ただ問題は、ウォルマートはデュークで、コールズはウエストポイントの立場にあることだ。ウォルマートとコールズの株価が同じということは、ブックメーカーがデュークとウエストポイントの試合でポイントスプレッドをゼロに設定したようなもので、どちらのケースも永遠にあり得ない。もしそんなことになればスポーツファンはこぞってデュークに賭け、両チームのオッズが等しくなるまでポイントスプレッドが上がっていき、投資家もウォルマートに殺到するため、二つの株のリスク調整後の期待リターンが同じになるまでウォルマートの株価は上昇する。両社の株価の推移を見ていこう。

投資家は、弱い会社で展望も比較的劣るコールズには収益の一〇倍くらいしか支払わないかもしれない。つまり、ＥＰＳが一ドルならば、株価は一〇ドルになる。もしこの会社のＢＰＳ（一株当たり純資産）が一〇ドルならば、ＢＴＭは一になる（ＢＰＳの一〇ドル

÷株価の一〇ドル）。一方、ウォルマートは財務基盤がしっかりした安全な投資先であるだけでなく、素晴らしい成長も期待できる。そのため、投資家はウォルマートには収益の二〇倍支払ってもよいと思うかもしれない。つまり、EPSが一ドルなら、株価は二〇ドルになる。一方、ウォルマートのBPSが四ドルだとすれば、BTMは〇・二（BPSの四ドル÷株価の二〇ドル）となる。PERはウォルマートがコールズの二倍だが、BTMはコールズの五分の一しかない。これは、ウエストポイントに四〇点のポイントスプレッドを付けて、対等な賭けになるようにしたのと同じ状態である。

金融市場でポイントスプレッドに相当するもの

PERやBTMといった比率はポイントスプレッドと同じ役割をしている。唯一違うのは、スポーツでは強いチームに賭けるときは大きなポイントスプレッドを与えなければならないが、株の場合は魅力的な会社に賭ける場合、利益や簿価と比較して高い価格を支払わなければならない。もし弱いチーム（ウエストポイント）に賭けるときはポイントスプレッドをもらうことができるし、バリュー株（コールズ）に投資するときは利益や簿価と比較して安く買うことができる。素晴らしいチーム（デューク）に賭けて勝つためには、大きなポイントスプレッドを上回る必要があるし、素晴らしい会社（ウォルマート）に投資して市場を上回るリターンを上げたければ、高い株価がさらに上がる必要がある。ギャンブルでは、賭け続けていれば仲介役の胴元が勝つようになっている。投資でも、投資家が賭け続けていれば（高パフォーマンスを上げる投資信託や株を選んでいれば）、仲介役のアクティブ運用会社やブローカーディーラーは必ず儲かるようになっている。

再びスポーツベッティングと株式投資の類似点を見ていこう。まず、スポーツベッティングでは強いチームが分かりやすい場合（デューク対ウエストポイント）と、分かりにくい場合（デューク対ノースカロライナ）がある。同じことは株にも言える。ウォルマートとコールズのどちらが優れているかはすぐに分かるが、ウォルマートとコストコならば分かりにくい。

二つ目に、スポーツベッティングではすべての試合に賭ける必要はない。強いほうが簡単に分かるときだけ賭けることができる。投資も同じで、すべての株を買う必要はない。優れた会社のみを買えばよい。

三つ目に、スポーツベッティングで優れたチームに賭けるときは市場のみんながどちらが強いか知っているため、大きなポイントスプレッドを与える必要がある。ハンディキャップは、優れたチームに賭ける利点を無効にする。投資にも同じことが言える。優れた会社を買うには、高PER（利益の急成長が期待できることを相殺する）や低BTM（優れた企業のリスクの低さを相殺する）の価格を支払う必要がある。そのため、スポーツベッティングは価格設定の仕組みによって、どちらに賭けても同じくらい良い賭けになり、投資はどちらの株に賭けても同じくらい良い投資になる。つまり、より強いチーム（会社）が分かっても、それは成功の必要条件であって十分条件ではない。

四つ目に、友人間で賭けるならばゼロサムゲームだが、ブックメーカーを介して賭けるとコストがかかるため（勝つのはブックメーカー）、マイナスサムゲームになる。株も、友人間でトレードすることはできないため、コストの分だけマイナスサムゲームになる（マーケットメーカーはビッド・オファー・スプレッド、ブローカーディーラーは手数料、アクティブ運用会社は多額の手数料、国は税金を徴収する）。

五つ目に、スポーツベッティングの世界では価格設定に多くの素人がかかわっているため、比較的容易に価格のゆがみを利用できる。しかし、投資の世界を支配しているのはあなたや私ではなく、大手機関投資家なので競争は厳しい。

六つ目に、スポーツベッティングではインサイダー情報を使っても違法ではない。しかし、そのような利点があっても、それでお金持ちになったという人を聞いたことはない。一方、株の投資ではインサイダー情報を使ってトレードすることはできないため、勝つのはさらに難しくなる。

このように、投資の世界のさまざまな証拠が前述の論理を裏付けている。銘柄選択やマーケットタイミングで市場を打ち負かそうとする個人投資家と機関投資家のほとんどが大きく負けているし、それが繰り返されていることを示す研究はいくらでもある。その証拠を短く紹介しよう。

個人投資家

カリフォルニア大学のブラッド・バーバー教授とテランス・オディーン教授は、個人投資家のパフォーマンスに関するいくつもの重要な研究を発表している。これらの研究のなかで二人は、個人投資家が買う株は買った直後に市場をアンダーパフォームし、売った直後に市場をアウトパフォームするとしている。[6] また、男性投資家は市場を年率で三％アンダーパフォームし、女性は二％だった[7]（女性はトレード回数が少ないため、コストも少ない）。そのうえ、トレード回数が最も多い投資家はリスク調整後リターンが市場を年率で一〇％もアンダーパフォームしていた[8]。ほかにも、投資クラブのパフォーマンスも市場を年率で四％もアンダーパフォームしていたことから[9]、三人寄れば文殊の知恵とはならないと結論付けている。ちなみに、これらの数字はすべて税引き前のものなので、ここから税金を引けばさらに悲惨になる。だから、アンドリュー・トビアスは次の賢い助言をしたのだろう。「どの株を買えばよいかと質問したくなっても、その気持ちに抵抗する。もし質問してしまっても、答えを聞かないようにする。もし答えを聞いてしまっても、無視するように自分に言い聞かせる[10]」

機関投資家

機関投資家の場合も個人投資家とさして変わらない。ユージン・ファーマとケネス・フレンチによると、統計的有意なスキルを示したのは、九八パーセンタイルと九九パーセンタイルの運用会社だけだった[11]。同様の結果は、フィリップ・メイヤー・ブラウンの「ミューチュアルファンド・パフォーマンス・スルー・ア・ファイブ・ファクター・レンズ（Mutual Fund Performance Through a Five Factor Lens）」[12]という論文にも見られる。この研究で重要なのは、ランダムに運用した場合の期待値を安定的に超えるケースは見つからなかったということである。もしパフォーマンスを継続できなければ、数少ない将来の勝ちを見つけることはできない。ここでも、数字はすべて税引き前のものであり、税引き後リターンで見ればさらに悲惨になる。

リスク調整後ベースで市場をアウトパフォームするのがかなり難しい理由をさらに知りたければ、『ジ・インクレディブル・シュリンキング・アルファ（The Incredible Shrinking Alpha）』[13]を読んでほしい。

教訓

ここでの教訓は、効率的市場で賭けをするのは敗者のゲームだということである。これはスポーツの試合に賭けるのでも、市場をアウトパフォームする株に賭けるのでも変わらない。スポーツベッティングで勝てることはあっても、非常に効率的な市場なので、最も勝つ可能性が高いのはブックメーカーだけだ。そのうえ、たくさん賭けるほど負けが増え、ブックメーカーが勝つ可能性はさらに高くなる。そして、投資にも同じことが言える。証券市場は非常に効率的だからだ。

マーケットタイミングや銘柄選択を試みたり、アクティブファンドに投資したりするのは敗者のゲームである。スポーツベッティングで勝つこともあるように、銘柄選択やマーケットタイミングやアクティブファンドで勝てる（市場をアウトパフォームする）こともあるが、その可能性は低い。そして、ギャンブルと同様に、長くプレーすればするほど、負ける可能性も高くなる（コストがかさむので）。そう考えると、勝者のゲームは市場のリターンを受け取るパッシブ投資ということになる。

パッシブ運用ファンドに投資してバイ・アンド・ホールドとリバランスだけしていれば、必ず市場と同じリターンを、低コストで節税もしながら得ることができる。しかも、ほとんどのプロの投資家と個人投資家よりもアウトパフォームすることがほぼ約束されている。つまり、これが最高の結果を生み出す可能性が最も高い戦略と言える。結局、ギャンブラーは市場をアウトパフォームすることに賭け（個別株やアクティブファンドに投機する）、投資家は市場の恩恵を受けている（逆らうのではなく）。

これまで述べてきたことを言い表す言葉がある。「情報は一人だけが持っているものではなく、たくさんの人たちに分散している。だから、自分が持っている情報のみに頼って判断すれば、間違いなく情報が不足した判断になる[14]」

エピローグ

胴元もときどき道を見失い、勝ち戦略を忘れることがある。これは、ブックメーカーが賭けを「放棄」できないときに起こる。先の例で言えば、デュークとウエストポイントの掛け金を同じにできなかった場合だ。そうなると、ブックメーカーは賭けを受けるのではなく自ら賭けることになる。そして、これは今まで見てきたとおり、敗者のゲームになる。では、オンラインカジノのエース・ゴールドを所有するブックメーカーの例を見てみよう。

あるとき、このブックメーカーは台帳をバランスさせることができず、結局、間違った側で多少の資金を失った。このとき、彼は損失を徐々に埋めようとせず、賭けを受けるのみという勝者の戦略を逸脱して自分で賭けることにした。彼は、あるチームのポイントスプレッドをほかのブックメーカーよりも大きくし、一方のチームにたくさんの賭け金が集まるようにしたのだ。残念ながら彼は負け続け、二〇〇二年のNFL（全米フットボール連盟）で掛け金が最大になる試合であるスーパーボウルのころには、顧客への未払い金が一〇〇万ドルを超えていた。そこで彼は試合前に、いわゆる「ヘイルメアリー」を試みた。前評判ではセントルイス・ラムズがニューイングランド・ペイトリオッツを一四ポイント上回っていた。彼はたくさんの賭け金を集めるために、ペイトリオッツのハンディキャップを〇・五増やして一四・五ポイントにした。予想どおりエース・ゴールド・カジノにはペイトリオッツへの賭け金が大幅に増え、彼はこの賭けを「レイオフ」しなかった。しかし、「ラムズはポイントスプレッドをカバーするどころかまさかの番狂わせで負けた。エース・ゴールドはギャンブラーたちに対して三〇〇万ドル以上の負債を抱えたが、それが支払われることはないだろう。噂では、このブックメーカーは今はテキサス州のどこかにいるらしい[15]」。あるいは、もうこの世にはいないのかもしれない。

第3章も市場の効率性と勝ち戦略の選択について書く。

第3章　パフォーマンスの持続性——アスリートと運用会社

「過去のリターンが無意味であることを示す研究はたくさんあるのに、ほとんどの投資家と個人向け金融雑誌は明日の勝者を昨日の勝者のなかから探そうとする。しかし、そんなことはやめたほうがよい。真実は、どのファンドがこれから勝つかをどれほど知りたくても、それは不可能だし、それができると主張する数あるアドバイザーや出版社にもできない」——フォーチュン誌（一九九九年三月一五日号）

バリー・ボンズが彼の世代で最高の野球選手であることは間違いない。そして、彼が運だけで他の選手よりもはるかに良い成績を継続して残したと思っている人はいない。彼の優れた成績は、スキルのわずかな違いがもたらした可能性が高いことを理解することが重要である。彼はもしかすると多くの選手よりも少しだけ力が強く（ただ、彼以上に強い選手もいた）、バットスピードも若干速く（ただ、彼以上に速い選手もいた）、視覚と手の連動（ボールが手元に来る前に対応姿勢を取ること）もほんの少し勝っていて（ただ、同じくらいの能力を持った選手はいた）、足も速いほうだった（とはいえ、飛び抜けて速かったわけではないし、彼より速い選手もいた）。ほかにもあるかもしれないが、これらのスキルのほんの少しの違いによって、ボンズは同世代で最高のプレーヤーになった。

ここでは、ボンズの競争相手がほかの一人一人の選手だったことを理解しておくことが重要だ。個人のスキルという点で、彼はすべての選手より力が強かったわけでも、足が速かったわけでもないし、ほかのスキルについても同じことが言える。しかし、投資の世界では状況がかなり違う。競争の仕方が違うため、運用会社が継続的に市場をアウトパフォームすることができない。そのことを理解するためには、証券市場がどのように価格を付けているのかを理解する必要がある。

カリフォルニア大学バークレー校ハース・スクール・オブ・ビジネスで応用投資分析を教えるマーク・ルビンスタイン教授は、次のような洞察を披露している。

投資家はそれぞれ自分の利益のために市場を使い、無意識のうちに自分の情報や分析を価格に反映させている。市場は比較的低コストで何百万人もの投資家の最新の投票を記録して現在価格を更新し続けていく巨大な投票マシンのようなものだ。このメカニズムを考えると、インサイダー情報も持っていない投資家が、価格が大きく外れていると考えてもほぼ必ず間違っている。公開情報は、すでに価格に織り込まれていると考えるべきである。[1]

ルビンスタインは、投資マネジャーの競争相手はほかの投資マネジャーではないと指摘している。そうではなく、競う相手は市場の集合知で、経済学者のアダム・スミスが言うところの「見えざる手」である。この集合知があることによって、スポーツベッティングでも知識のあるスポーツファンが知識のない普通のファンを搾取することができない。競う相手は市場であり、市場参加者のスキルではないのだ。

投資家にとっては、ロン・ロスが『ジ・アンビータブル・マーケット（The Unbeatable Market）』で指摘しているように、「市場を打ち負かす戦略の探求は、結局は情報処理の競争になる。あなたが戦っている相手は市場全体で、それはすべての参加者が発見した情報の蓄積が反映されている価格だ[2]」ということを意味している。

　投資の優れたパフォーマンスを追い求めることについては別の考え方もある。「投資では、大きな優位性を持っていても、それが市場では簡単に打ち消されてしまう可能性があるという意味で、例えばチェスのような一見わずかな優位性でも勝ち続けることができるような戦いとはかなり違う。しかし、投資家は無意識のうちに市場を自分が経験したほかの戦いの場と同じだと思っている[3]」。「ディメンショナル・ファンド・アドバイザースの元共同会長で、二〇〇五年に引退したレックス・シンクフィールドは、こう言っている。「ほかの投資家よりも賢いからといって、そのアドバンテージが結果に現れるわけではない。市場はあまりにも大きく、情報効率が高すぎるからだ[4]」

　バリー・ボンズが対決するのは一人の投手だったが、投資マネジャーが競っているのは市場全体である。これは、ボンズが打席に立ったびに、ランディー・ジョンソン（速球）とグレッグ・マダックス（コントロール）とロジャー・クレメンス（スプリット）とカール・ハベル（シュート）とバート・ブリレベン（カーブ）とゲイロード・ペリー（スピットボール）のスキルをすべて備えた投手と対決するようなことかもしれない。もしそんな投手がいれば、ボンズが同じ成績を残すことはできなかった。

実際、投資の世界の戦いは厳しい。しかし、さまざまな競争（チェス、ポーカー、投資など）においては、スキルの絶対的なレベルではなく相対的なレベルが結果に重要な役割を果たしていることを、多くの人は理解していない。そして、いわゆる「スキルのパラドックス」は、スキルをレベルアップしても競争のレベルも上がれば、運の役割がより大きくなるということを意味している。

二〇一四年にチャールズ・エリスはファイナンシャル・アナリシス・ジャーナル誌に寄稿した「ザ・ライズ・アンド・フォール・オブ・パフォーマンス・マネジメント（The Rise and Fall of Performance Management）」のなかで、「過去五〇年に、たくさんの才能あふれる投資のプロが競争に参加してきた。……彼らは先輩たちよりも高度なトレーニングを受け、より優れた分析ツールを持ち、より速くより多くの情報を入手できる」[5]と書いている。ルネッサンス・テクノロジース、ＳＡＣキャピタルアドバイザーズ、ＤＥショーといった伝説のヘッジファンドも博士号を修得した科学者や数学者やコンピューターサイエンティストを雇うようになった。一流校（シカゴ、ウォートン、ＭＩＴ［マサチューセッツ工科大学］）のＭＢＡ（経営学修士）も、高性能なコンピューターと膨大なデータベースを携えて投資運用会社に集結している。

例えば、ＤＦＡのジェラード・オライリーＣＥＯ（最高経営責任者）は、カリフォルニア工科大学で航空学と応用数学の博士号を修得しているし、アバンティス・インベスタースのエデュアルド・レペットＣＩＯ（最高投資責任者）は、カリフォルニア工科大学で博士号を修得後、同校リサーチサイエンティストとして働いていた。ブリッジウエー・キャピタル・マネジメントのリサーチ責任者のアンドリュー・バーキンは、カリフォルニア工科大学で理学士を修得し、テキサス大学で物理学の博士号を修得、ＮＡＳＡ（米航空宇宙局）の最優秀ソフトウェア賞に輝いている。エリスは、このようなスキルの向上による「当然の結果」として、「現代の株式市場の効率性が高まり、特にコストと手数料を差し引けば、市場と同じパフォーマンスを上げるのすら難しくなり、コストと手数料を差し引くと市場を打ち負かすのはさらに難しくなった[6]」と書いている。

投資家にとってもう一つの問題は、今日では機関投資家のトレードが九〇％になるため、経費差し引き前であっても搾取できる十分な数の個人投資家がいないことだ。あるグループが市場をアウトパフォームすれば、別のグループはアンダーパフォームすることになる。機関投資家のトレードが増えれば、競争はますます激しくなるとティモシー・ライリーは論文「キャン・ミューチュアルファンド・スター・スティル・ピック・ストック（Can

Mutual Fund Stars Still Pick Stocks?）」[7]のなかで書いている。引用されている論文は、二〇〇六年に発表されたコソウスキー、ティマーマン、ワーマース、ホワイト共著「キャン・ミューチュアルファンド・〝スター〟・リアリティー・ピック・ストック？　ニュー・エビデンス・フロム・ア・ブーツトラップ・アナリシス（Can Mutual Fund 'Stars' Really Pick Stocks? New Evidence from a Bootstrap Analysis）」[8]で、ライリーはまず、この論文の結論を検証した。この論文では、共著者のコソウスキー、ティマーマン、ワーマース、ホワイト（ＫＴＷＷ）が一九七五～二〇〇二年にブートストラップ法を使って調べた結論を「少数だが、ある程度の数のマネジャーは選択した銘柄でコストを上回るパフォーマンスを上げただけでなく、彼らの優れたアルファは継続した」としている。ライリーによると、「この論文は、のちに投資信託のマネジャーのスキルと投資信託業界のアクティブ運用の価値を裏付ける証拠として頻繁に引用された[9]」。

次に、ライリーはＫＴＷＷのサンプル期間の一九七五～二〇〇二年以外にも同じ結論が得られるかどうかを検証した（サンプル期間後の一五年間、二〇〇三～二〇一七年）。そして、ＫＴＷＷの検証期間とライリーの延長期間を合計した一九七五～二〇一七年について再度検証した結果、「合計期間の検証結果は、ＫＴＷＷの研究が完了した時点で過去のすべての記録が入手できていたとしても変わらないだろう」[10]と述べている。ライリーは、この合計期間に三一五一のファンドを検証し、次のような検証結果を得た。

●ＫＴＷＷのサンプル期間（一九七五～二〇〇二年）について検証を再現すると、論文に近い結果になった。パフォーマンスが上位一〇％のファンドは、コストを超えるアルファを生み出す傾向があり、それは運のみでは説明できない。

●ＫＴＷＷ後の期間（二〇〇三～二〇一七年）には、運だけで説明できる期待値を超えるアルファァを示す証拠はなかった。

●合計期間の一九七五～二〇一七で見ると、高いアルファが運によるものではないとする証拠はほとんどなかった。

ライリーは、この結果から「投資家の行動と、ＫＴＷＷの論文以降の研究によって、この一五年で、銘柄選択によってコストを上回るリターンを上げている少数だがある程度の数のマネジャーの数は、大幅に減った、もしくはまったくいなくなったと考えられる」と結論付けている。また、研究対象をＫＴＷＷの論文で成功するマネジャーとされていた群に限定しても、同じ結論になるともしている。ライリーは、「私の結論は、ＫＴＷＷの研究が現代の投資信託業界やこの業界の検証可能なすべての実績を反映していないことを示している」[11]とまとめている。

競争の本質

競争の本当の性質と優れたパフォーマンスを上げることの難しさを理解するために、リバティー・ワグナー・アセット・マネジメントの元ＣＩＯでリバティー・アコーン・ファンドのチーフポートフォリオマネジャーのラルフ・ワグナーは、次のように結論付けている。

私のようなプロの投資家にとって、ユーモアのセンスが必要な理由はほかにもある。私たちが競っているのは市場平均だけでなく、ほかの運用会社だということはよく分かっている。これは厳しい競争だ。私たちは、みんな「今日は私のファンドの銘柄のほうが君のファンドの銘柄よりも高いパフォーマンスを上げる」と思っている。しかし、これは将来を予想できると思っているということで、それはヤマ師のやることだ。もしあなたやそれ以外のだれかが株式市場の将来を予想できると信じているならば、笑われるのはあなただ。[12]

スポーツベッティングと投資にはもう一つ重要な違いがあり、それが投資で高パフォーマンスの継続を阻んでいる。ボンズが打席に立つときはゼロサムゲーム、つまりボンズが勝つか、投手が勝つかである。しかし、市場をアウトパフォームしようとする投資マネジャーの場合は違う。市場をアウトパフォームしようとすると、市場平均を受け入れるパッシブ運用よりも高い経費がかかる。このコストには、調査費用、その他の運用経費、ビッド・オファー・スプレッド、手数料、マーケットインパクトコスト、税金などが含まれている。これはまるでボンズだけがバットに重りを付けて打席に立ち、ほかの打者と競うようなものだ。

パフォーマンスの継続に関する学術研究は、「大きなリスクをとることなく市場を継続的にアウトパフォームすることができるという証拠はほとんどか、まったくない」と明確に結論付けている。

まとめ

過去のパフォーマンスから将来のパフォーマンスを予想できることは常識とされている。理由は、スポーツやそのほかの競争など、ほとんどの試みにおいてそれが常識だからだ。ただ、これを信じている投資家は、投資という戦いの本質がほかの競争とはかなり違うため、常識が当てはまらないことを理解していない。ある枠組みでうまくいくことが、ほかの枠組みでもうまくいくとは限らない。ジャーナル・オブ・ポートフォリオ・マネジメント誌の編集顧問で、『リスク　神々への反逆』（日本経済新聞社）など高評価の投資本を何冊も執筆しているピーター・バーンスタインの言葉を借りれば、「現実の世界では、投資家がライバルに圧倒的か、継続的に勝ち続けるのはかなり難しいようだ。今日のヒーローが明日の笑いものになることはよくある[13]」。

教訓

投資家は間違った戦略を選択しないようにするため、この戦いの本質を理解する必要がある。投資の土俵は大手機関投資家が支配しており、彼らが価格を付けている。そのため、競争は厳しい。しかも、競争相手は個々の機関投資家ではなく、市場参加者全員の集合知であることが、この戦いをさらに難しくしている。このような環境で、一投資家が継続的に市場をアウトパフォームするのはかなり難しい。

次も、効率的市場で継続して市場をアウトパフォームするのが難しい理由について書いていく。

第4章　市場を継続してアウトパフォームするのが難しい理由

キリスト教神話によると、聖杯はイエスが最後の晩餐で使用した奇跡の力を持つ器である。この聖杯は、イギリスに送られ、守護者たちが安全に保管していると伝えられている。聖杯の探索は、アーサー王伝説の重要な部分になっている。

多くの投資家にとって、聖杯探しはマーケットタイミングで勝つための公式を探すことである。あるいは、市場のゆがみを見つけて割安株を買ったり、割高株を売ったりできる投資信託やヘッジファンドを見つけることとも言える。優れたパフォーマンスを上げた人を事後に見つけるのは簡単だが（データベースさえあればよい）、その実力を事前に示す証拠は存在しない。毎年、S&Pのアクティブ運用とパッシブ運用を比較しているSPIVA（S&Pのアクティブ対パッシブリポート）にも、そのような証拠は見られない。また、「ザ・セレクション・アンド・ターミネーション・オブ・インベスメント・マネジメント・ファーム・バイ・プラン・スポンサー（The Selection and Termination of Investment Management Firm by Plan Sponsors)」のような論文も、年金基金のパフォーマンスに関する証拠は見られないとしている。[1] だからSEC（米証券取引委員会）はおなじみの「過去のパフォーマンスが必ずしも将来の結果を予想するものではない」という免責事項の記載を義務付けている。複数の学術研究を見ても、高いパフォーマンスが一年以上続くという証拠はほとんどないとしている。唯一、パフォーマンスが持続した（ランダムに運用した場合の期待値を超えて）のは最下層で、低パフォーマンスのファンドは高パフォーマンスが継続する傾向があった。ちなみに、低パフォーマンスが継続する理由は銘柄選択が劣るせいではなく、経費が高いからだった。

効率的市場仮説（EMH）は、好成績を継続できない理由を説明している。ファンドは、偶然の幸運に恵まれたときだけ経費差し引き後のパフォーマンスが市場を継続的にアウトパフォームすることができる。しかし、ほかにも高パフォーマンスを継続できない実務的な理由がある。成功したアクティブマネジャーは、自ら破綻の種をまくことになるからだ。

成功したアクティブマネジャーは自ら破綻の種をまくことになる

カリフォルニア大学バークレー校のジョナサン・バーク教授は、「ファイブ・ミス・オブ・アクティブ・マネジメント（Five Myths of Active Portfolio Management）」という論文のなかで、次のような考えを述べている。

運用を任されるのはだれだろうか。投資家はスキルが高いマネジャーを知っているため、資金はまず最高のマネジャーに流れる。しかし、いずれこのマネジャーは運用額が大きくなると優れたリターンを上げることができなくなり、期待リターンは二番手のマネジャーと同じくらいに下がる。この時点では、どちらに運用を任せても同じなので、資金は両方のマネジャーに流れ、その状態は期待リターンが三番手のマネジャーのレベルに下がるまで続く。

このプロセスは、アクティブ運用の期待リターンが、同様のリスクのパッシブ運用の期待リターン（ベンチマーク）と同水準になるまで続く。そして、そこまで下がると投資家はアクティブ運用でもインデックスファンドでもよくなるため、そこで均衡する。[2]

バークはさらに、最もスキルの高いマネジャーが最も多くの資金を集めることになると指摘している。そして、次の重要な洞察を示している。「投資家が競って資本を供給してもスキルが不足している場合、必要なスキルを持つ参加者のみが超過利潤を得ることができる。アクティブマネジャーに投資することを選択した投資家は、リスク調整後の超過リターンは期待できない……もし期待すれば、そのマネジャーには過剰な資本が供給されることになる[3]」

効率的市場仮説は、公開情報を使って市場を打ち負かすことができない理由（すべての投資家がその情報を入手できるため、すでに価格に織り込まれている）を説明しているが、同じことはアクティブマネジャーについても言える。つまり、投資家は公開情報を使ってアクティブマネジャーを選んでも市場をアウトパフォームするリターンを期待すべきではない。超過リターンは、高いコストという形でアクティブマネジャーに支払われることになるからだ。

これは単純な話だ。投資家は、どのファンドがベンチマークを打ち負かしたかを観察して、リターンが高いところに資金を投資する。しかし、ファンドマネジャーは資金が増大するとリターンが下がり、それまでの成績を持続できなくなる。

論文「スケール・エフェクト・イン・ミューチュアルファンド・パフォーマンス（Scale Effects in Mutual Fund Performance：The Role of Trading Costs）」は、バークの理論を裏付ける証拠を提供している。共著者のロジャー・エデレン、リチャード・エバンス、グレゴリー・カドレックは、投資信託においてトレードコストが規模の不経済をもたらす役割を検証した。[4] 彼らは、一九九五～二〇〇五年における一七〇六のアメリカの株式ファンドについてトレードコストを調べ、次のように述べている。

●投資信託のトレードコストは平均的には経費率よりもさらに高い。
●ファンドのリターンとトレードサイズには関係がある。
●年間のトレードコストとパフォーマンスは統計的に有意な逆相関になっている。
●ファンドの規模が大きくなるにつれて、トレードがパフォーマンスに与える悪影響も大きくなる。
●トレードしてもコストを回収できない。一ドルのトレードコストでファンドの資産は〇・

四一ドル減少した。平均トレードサイズが比較的小さければ、トレードによってファンドのパフォーマンスに悪影響を与えないが、トレードサイズが大きいファンドの場合はトレードによってファンドの資産は〇・八〇ドル減少した。

●ファンドのフローに伴うトレードは、裁量トレードよりもはるかにコストが高い。この非裁量トレードの動機は、トレードがパフォーマンスに与える悪影響を部分的（全部ではない）に説明している。

●回帰分析の結果は、ファンドのリターンへの影響はファンドの規模よりもトレードサイズのほうが大きいことを示している。

エデレンとエバンスとカドレックは、「これらの証拠は、トレードの規模の不経済がリターンを下げる原因であることを直接的に示している」[5] と結論付けている。

成功したアクティブ運用ファンドが、自ら破綻の種をまくことになる理由はもう一つある。ファンドの運用資産が増えると、トレードコストが増え、それを抑えるためにより分散せざるを得なくなる。しかし、広く分散するほどパフォーマンスはベンチマークの指標に近づいていて、いわゆる「クローゼットインデックスファンド」になっていく。そうすると、アクティブ運用の銘柄は減り、そこに高いコストを割り振ることになるため、ベンチマークを超えるのがさらに難しくなる。

教訓

市場の効率性と規模がトレードコストに与える悪影響は、継続的に市場をアウトパフォームする（ランダムな期待値以上に上回る）のがかなり難しい理由を説明している。つまり、投資家が市場を継続してアウトパフォームするファンドを探すのは、ガラハットが聖杯を探すくらい大変なことである。

次は、素晴らしい投資神話を暴いていく。

第5章　素晴らしい会社が高リターンの投資先にはならない

「投資家は、良い会社と良い株は違うということを覚えておく必要がある。良い車を買っても、価格が高すぎたということはよくある」　――ローレン・フォックス

一九六三年七月一日、世界一の証券アナリストがいたとする。名前をジョン・ドウとしよう。彼は、並外れた精度で、次の五九年間、ＲＯＡ（総資産利益率）が高い会社を見つけることができた。現実の世界のアナリストや投資家と違い、彼は素晴らしい収益を上げる会社の予想においてけっして間違わない。このようなアナリストは、世界中の歴史をたどってもどこにも見つからない。ちなみに、あのウォーレン・バフェットでさえ、ＵＳエアウェイズやソロモン・ブラザーズへの投資といった間違いを犯した。

ドウにはこれらの会社の将来の株価を見通すことはできないが、ウォール街の常識に従って、これらの株のポートフォリオを構築した。これらの会社は優れた業績を上げていくため、素晴らしい投資先になると信じているからだ。ここでスポーツベッティングの話を思い出してほしい。彼は投資の世界のデューク・ブルーデビルスを見つけた。私たちも、PER（株価収益率）やPBR（株価純資産倍率）が高い株を探すことで、優れた成長企業を見つけることはできる。

一方、市場は効率的だと信じるストラテジストがいた。名前をジェーン・スミスとしよう。彼女は、市場が優れた業績を上げるとみなす会社は安全な投資とみなされるという考えに基づいて戦略を立てていた。それが分かっていれば、投資家（市場）はその会社に対する大きな期待と想定リスクの低さをすでに価格に織り込んでいる。つまり、素晴らしい業績を上げる可能性が高い会社の株は、リターンが比較的低くなる。そのため、スミスはとったリスクに市場が報いてくれることを期待して（確実ではないが）、バリュー株やディストレスト株のパッシブ運用ファンドを買っている。彼女は、これらの会社の経営比率（収益や利益の成長率）はこの先もあまり改善しないと予想しているが、それでも株は高いリターンを生み出して、彼女がとったリスクに報いてくれると期待している。

このとおり、スミスは市場が機能している（効率的）と考えているが、ドウは違う。再びスポーツベッティングに例えると、ドウはデュークに賭け、ウエストポイントにハンディキャップを与えなくてよいと思っている。

「素晴らしい」会社と「劣った」会社のどちらを買うか迷ったとき、多くの投資家は直感的に前者を選ぶ。過去の証拠を見る前に、あなたならばどうするか考えてみてほしい。仮に、あなたの唯一の目的が、リスクに関係なく高いリターンを上げることならば、優れた会社と劣った会社のどちらを買うだろうか。

ここで一気に五九年後の二〇二二年六月まで早送りしよう。ドウとスミスの投資戦略はうまくいったのだろうか。どちらが正しかったのだろうか。実は、ある意味どちらも正しかった。二〇二二年六月までの五九年間で、ドウの素晴らしい成長株（ファーマ・フレンチ米成長株リサーチインデックス）のＲＯＡは年率一一％だった。これは、スミスの劣った株のＲＯＡである四％の約三倍だった。一方、スミスのバリュー株（ファーマ・フレンチ米バリュー株リサーチインデックス）のリターンは年率一三・二％で、ドウの株のリターンである年率一〇％よりも三・二％高かった。ＲＯＥについても似たような結果になった。成長株のＲＯＥは二五・七％で、バリュー株の九・七％の約三倍だった。

もし投資リサーチにおける主な目的が優れた業績を上げる会社を探すことで、正しく分析しても投資結果が悪ければ、調べる必要はあるのだろうか。それならば、その時間と経費でリスクをとって市場で利益を得るほうがよいのではないだろうか。

大企業と小企業

もし市場ではリスクに見合うリターンを得ることができるという理論が正しければ、スミスがパッシブ運用の小型株（直感的に大型株よりもリスクが高い）のポートフォリオに投資すれば同様の結果を得られることになる。小企業は通常、大企業ほど規模の経済が得られないため、効率性が低い。また、バランスシートは弱く、資本の調達先も少ない。資本市場が低迷すれば、まず資金が尽きるのは小企業なので、破産のリスクも高くなる。それ以外にも、小企業は大企業ほど経営陣の層が厚くなく、投資家の判断材料となる長期の実績もないし、小型株のトレードコストは大型株と比べてかなり高く、その分投資リスクも高くなるなど、さまざまなリスクがある。

大型株のパフォーマンスと小型株のパフォーマンスを比較すると、優れた成長株とバリユー株の比較と似たような結果になる。二〇二二年六月三〇日までの五九年間で比較した場合、大企業のＲＯＡは八％（小企業の七％よりも一％高い）で、ＲＯＥは二〇・二％（小企業の一六・二％よりも四・〇％高い）だった。一方、小型株のリターン（ファーマ・フレンチ米小型株リサーチインデックス）は年率一一・五％で、大型株の一〇％をアウトパフォームしていた。これは一見、アノマリーのようだが、実際には市場が機能していることを示している。リスクが高い小型株の投資が、高いリターンを生み出していたのだ。

優れた業績が必ずしも優れた投資リターンにつながらない理由

このアノマリーを簡単に説明すると、投資家はバリュー株の将来の期待収益を成長株のそれよりも大きく割り引き、その割合は成長株の成長率を相殺して余りある。高い割引率によってバリュー株の現在価値は低くなり、将来の期待リターンは成長株よりも高くなる。なぜ、投資家はバリュー株の現在価値を計算するときに高い割引率を適用するのだろうか。

それは、次の例を見ると明らかだ。

あなたが住む町で、立地が違う二つのまったく同じビルが売りに出ているとする。ビル

Aは人気の商業エリアの中心にあり、ビルBは地域一のスラム街に隣接している。どちらが望ましい物件かは明らかだ。もしどちらのビルも一〇〇〇万ドルならば、迷わずAを買う。しかし、現実にそのようなことはない。なぜなら、すぐに投資家がビルAの価格をビルBよりも高く設定してしまうからだ。

次に、もう少し現実的なシナリオを見ていこう。ビルAは二〇〇〇万ドル、ビルBは五〇〇万ドルで売りに出ているとする。家賃収入の予想キャッシュフローに基づいて二つのビルの期待リターンを計算すると、偶然どちらも一〇%になった。場所が良いビルの高い賃料が、高い価格と相殺されるので、そうなることはある。ただ、それでも合理的な選択肢はビルAと言える。期待リターンはビルBと同じでも、投資リスクが低いからだ。同じ期待リターンならば安全なほうを選ぶのは、満期と利回りが同じ国債とジャンクボンドがあれば国債のほうを買うのに似ている。しかし、現実にこんなことはあり得ない。

現実の世界では、ビルAの価格はビルBの価格よりも大きく上昇していく。もしかすると、ビルAは三〇〇〇万ドルに上がり、ビルBは四〇〇万ドルに下がるかもしれない。そうなれば、ビルAはビルBよりも期待リターンが低くなる。投資家は、リスクをとる代わりに高い期待リターンを求める。つまり、ビルAの期待値がビルBより低くなっても、投資先として悪くなったわけではなく、より安全なだけだと理解することが重要だ。市場は、リスクがより低いから、将来の収益の割引率を低くしようと考える。その結果、ビルAの価格は上がり、それが期待リターンを下げることになる。二つのビルの価格差は、市場が考えるリスクの差を反映している。リスクと事前の期待リワードは必ず関連している。考え方としては、市場はリスク調整後のリターンが同じになるまで価格を上げ続ける。確かにビルBの期待リターンのほうが高いが、それに伴うリスクの高さと調整する必要がある。

ほとんどの人が、この例のようなケースのリスクと期待リターンの関係を理解している。しかし、この最も基本的な原則が、株とその価格が市場でどのように決まるかという話になると、世界中ではまったく忘れられてしまう。

このことを理解すると、先の二社、ウォルマートとコールズの全体像がつかめるようになる。ウォルマートをビルA、コールズをビルBだと考えてみてほしい。ほとんどの人がウォルマートのほうが良い会社で安全な投資先だと言う。もしどちらも同じ価格、例えば二〇〇億ドルで買えるとすれば、もちろんウォルマートを選ぶ。ハンディキャップがなければデュークに賭けるのと同じことだ。ウォルマートのほうが現在の収益が高いだけでなく、将来の収益成長率も高いと期待できる。もしそのような世界が存在すれば、コールズの株主は急いで株を売ってウォルマート株を買い、それによってウォルマートはさらに上がり、コールズはさらに下がる。そうすれば、投資家がウォルマートに求めるリスクプレミアムは下がり、コールズに求めるリスクプレミアムは上がる。

ここで、もしウォルマートの時価総額がコールズよりも大きく上昇したとしよう。ウォルマートは一〇〇〇億ドルになり、コールズは一〇〇億ドルになった。この時点で、二社の期待リターンが一〇%だとしよう（保証はない）。ウォルマートのほうが良い会社で、投資リスクも低いとみなされているため、投資家はやはりウォルマートを選ぶだろう。期待リターンが同じであっても、ウォルマートを買うほうが想定リスクが低いからだ。コールズを売ってウォルマートを買う動きはコールズの期待利益がウォルマートのそれよりも十分高くなるまで続く（投資家がウォルマートではなくコールズのリスクをとってもよいと思えるまで）。例えば、ウォルマートが二〇〇〇億ドルでコールズが五〇億ドルならばそうなるかもしれない。二つの会社の価格差（つまりは将来の期待リターンの差）は、それぞれの想定リスクの差と直接的に関連している。ウォルマートがコールズよりもはるかに安全な投資先だと認識されていることから、投資家がコールズのリスクをとって株を保有したいと思うためには、価格差（リスクプレミアム）がかなり開かなければならない。

このような価格の変化によって、ウォルマートは「割高」か、コールズに比べて「高い」と言えるのだろうか。答えは「高い」である。もし投資家がウォルマートはコールズに対して割高だと思えば、それが均衡したと思えるまでウォルマートを売ってコールズを買う。そうではなく、ウォルマートが相対的に高いのは、想定リスクが低いことを反映している。ウォルマートの期待収益は、低い想定リスクを反映して低めに割り引かれている。この低い割引率は、将来の期待リターンが低いことを意味している。リスクとリワードは、少なくとも将来の期待リターンに関しては、直接的に関係がある。ただ、将来のことを確実に知ることはできないため、あくまで「期待」リターンに基づいている。コールズの期待リターンは高めに割り引かれている。そのため、高めの想定リスクを反映して評価額は相対的に低くなっている。その一方で、期待リターンは高い。

ビルAが悪い投資ではなく、安全な投資で、ビルBが良い投資ではなく、リスクが高い投資であると同様に、ウォルマートも悪い投資ではなく、安全な投資であり、コールズは良い投資ではなく、リスクが高い投資である。しかし、リスクを調整すれば期待リターンは同じになり、どちらも同じくらい良い投資であり、悪い投資と言える。

教訓

悪い投資判断を避けるために、助けになる簡単な原則がある。リスクと期待リターンには相関性がある。バリュー株には成長株よりもプレミアムが付くのには理論的な理由がある。バリュー株はリスクが高い会社の株なので、株価が低いのだ。投資家は、リスクの高い会社への投資に見合うリターン率が期待できる株価に下がるまで、このような株は買わない。同様に、小型株のリスクプレミアムは大型株よりも高くなる。

もし株価が高ければ、それは想定リスクが低いことを反映しているため、将来のリターンも低くなると予想できるし、逆も同じことが言える。ただ、それは株価が高いと投資として劣っているということではない。単に想定リスクが低いから将来のリターンも低くなるということだ。そうでなければ、国債はジャンクボンドよりも劣る投資になってしまう。

次も効率的市場に注目し、そこで市場をアウトパフォームするのがいかに難しいかという話をしていく。

第6章　市場の効率性とピート・ローズのケース

「自滅する可能性があることは、投資という戦いが例えばチェスのような一見小さなアドバンテージでも勝ち続けることができるような戦いとはかなり違う理由と言える。投資家は、無意識のうちに市場を自分が経験したほかの戦いの場と同じだと思っている」――マーク・ルビンスタイン（「ラショナル・マーケット［Rational Markets：Yes or No? The Affirmative Case］」、ファイナンシャル・アナリシス・ジャーナル誌　二〇〇一年五・六月号）

一九九八年に、チャールズ・エリスが名著『敗者のゲーム』[1]（日本経済新聞社）を発表したとき、アクティブ運用ファンドの約二〇％が統計的に有意なアルファを生み出していた。つまり、彼らのパフォーマンスは、リスク調整後のベンチマークをある程度アウトパフォームしていた。私は、『ジ・インクレディブル・シュリンキング・アルファ（The Incredible Shrinking Alpha）』二〇二〇年版のなかで、パッシブ運用のシェアが増える傾向にあり、統計的有意なアルファを生み出すことができるアクティブ運用会社は、税引き前で約二％まで下がっている証拠を示した。共著者のアンドリュー・バーキンと私は、アルファを生み出すのがますます難しくなっている傾向の背後にあるいくつかの主要なテーマについて説明した。

●学術研究の関心はアルファからベータ（バリューやサイズやモメンタムや利益率や質などに体系的に投資できる要素へのイクスポージャー）に移りつつある。投資家はこの新しいベータに低コストの商品（指標に投資する投資信託や上場投信など）を通じて投資することができる。

●搾取されていた人たちは減り続けている。だまされやすい個人投資家が市場に占める割合は一九四五年の九〇％から約二〇％に減っている。

●アルファを追いかける金額は劇的に増えた。二〇年前、ヘッジファンドの運用資産は約三〇〇〇億ドルだったが、今日では五兆ドルになっている。

●トレードコストは下がっており、アノマリーをアービトラージするのが簡単になった。
●ファンドマネジャーの絶対的なスキルは上がっている。

多くの投資家はこれらの証拠があるにもかかわらず、賢い投資家が賢明に努力しても市場リターンを受け入れる平均的な投資家のリターンを超えることができない理由が理解できない。そこで、スポーツベッティングの例えが、「市場の集合知」が強敵だということを理解する助けになるだろう。

第2章で書いたとおり、効率的市場は現在知り得ることがすべて価格に織り込まれているため、トレードシステムが超過リターンを生み出すことができない市場と定義できる。私たちはスポーツベッティングで金持ちになった人をほとんど聞いたことがないことから、スポーツベッティングの市場は、完璧でないとしても、かなり効率的であると直感的に分かる。ちなみに、直感はたいてい間違っているが、それを裏付ける証拠があれば、直感の助けになる。実は、スポーツベッティング市場が効率的だという証拠を提供してくれたのは、一九八九年に野球コミッショナーに提出されたダウド報告書「シンシナティ・レッズ・クラブ・マネジャーのピーター・エドワード・ローズの件」だった。[2]

ピート・ローズは野球史上に残る優れたプレーヤーで、引退当時は通算安打数が歴代一位だった。そうなると、ローズはほかの打者よりもかなり有利に見える。彼は選手として二四年、監督として四年の経験がある。彼は、自分のチームに関するインサイダー情報に加えて、監督として対戦チームのことも研究していた。ただ、これほどのアドバンテージがあっても、ローズは自分のチームに賭けて四二〇〇ドル負け、ナショナルリーグのほかのチームに賭けて三万六〇〇〇ドル、アメリカンリーグのチームに賭けて七〇〇〇ドル負けた。これらの損失には、約二万〜二万五〇〇〇ドルの手数料が含まれているが、四五万ドルの勝敗と比べればわずかな額なので、スポーツベッティングは情報の効率的市場と言ってよいだろう。[3] もしローズのように公開されていない情報を頻繁に入手できる専門家が「市場を打ち負かす」ことができなければ、このような情報を持たない普通の人たちが市場を打ち負かすのは難しいと考えてよい。

第2章では、スポーツベッティングの市場が効率的である別の例も示した。例えば、レイモンド・サワー教授（ザ・スポーツ・エコノミスト誌の創設者）によるNBA（全米バスケットボール協会）を六シーズン観察した研究で、実際のポイントとポイントスプレッドの差は何と四分の一ポイント未満だった。[4]

教訓

ジェームズ・スロウィッキーの名著『群衆の智慧』[5]（角川書店）は、さまざまな例を用いて人は個別（群衆の一人としてではなく）に行動するかぎりは、いわゆる「集合知」と呼べる行動をとることを示した。スポーツベッティングの場合、これは市場の集合知が設定するポイントスプレッド（あるいはオッズ）に打ち勝つのが非常に難しい「競争」であり、そのための経費を差し引けばさらにそうなることを示している。つまり、娯楽のための資金で好きなチームやNCAAバスケットボールトーナメントに賭けるのはよいが、退職金口座の資金をスポーツベッティングに「投資」してはならない。同じことは投資についても言える。

市場で価格を設定する集合知は強敵で、経費を引いたらさらにそうなる。そのことを認識すれば、賢い投資家は価格のゆがみを利用して市場を打ち負かそうとはしない。そうではなく、透明性が高く、再現可能な方法で体系的に投資するファンド（例えばインデックスファンド）で世界的に分散したポートフォリオで運用する。そうすれば、節税効果が非常に高い方法で、市場のリターン（から安いコストを引いた利率）を得ることができる。

しかも、それをすれば機関投資家と個人投資家の両方を含めてほとんどの投資家のリターンをアウトパフォームすることは確認されている。

次は、不確実な状況で勝つための戦略を選ぶことについて書いていく。

第7章　安全性分析の価値

私たちは子供のころ、喜びは結果ではなく、努力から生まれるものだと教えられた。みんなが戦いに勝てるわけではないし、頂点に立てるわけではないし、マラソンを完走できるわけではない。できれば大人になるまでにそのことを学んでおきたい。ところが、私が仕事を初めてすぐに学んだことは、チームの責任者として、努力と結果を混同してはならないということだった。社員のなかには、努力しているようには見えないのに素晴らしい結果を出す人がいた。彼らは残業もせず、デスクは整頓されていた。ゆっくりと昼食をとり、あわてていることはほとんどなかった。それでもときどき素晴らしいアイデアが浮かび、そこから素晴らしい洞察を得て、利益が改善する。別の社員は長時間働き、常に忙しそうで、デスクにはいつも書類が積み上がっていた。しかし、その努力に見合った結果が出ないこともある。仕事では、努力ではなく結果が重要だ。同じことは投資の世界にも言える。努力には高い給与は払えないが、結果を出せば、それは可能だ。

アクティブ運用の大前提は、安全性分析（security analysis）に注力することによって割安になっている推奨株が見つかり、割高の株を避けることができるということである。そして、その推奨に従った投資家は市場をアウトパフォームすることができるはずだ。この前提は神話なのだろうか、それとも現実なのだろうか。その答えは、次の例を見ると分かる。

一九九九年五月、UCLA（カリフォルニア大学ロサンゼルス校）アンダーソン・スクール・オブ・マネジメントで開催された金融エコノミストの会議で、ブラッドフォード・コーネルが安全性分析の努力の価値に関する洞察を示す例を紹介した。これから見ていくように、成長率が高い会社の価値のほとんどは将来のキャッシュフローに基づいている。株の価値はERP（株式リスクプレミアム。無リスクの国債の利率を上回るリスクプレミアムや投資家がリスクを受け入れる代わりに要求するプレミアム）の高さに大きく左右される。一九九九年、インテルは間違いなく高成長が期待される会社だった。

当時、インテルは一〇〇億ドルの現金を保有しており、取締役会はその資金の多くを自社株買いに使うべきかどうかを検討していた。当時の株価は約一二〇ドルだった（一九九九九年四月一二日と二〇〇〇年七月三一日にそれぞれ一対二で株式分割を行っている）。コーネルは将来のキャッシュフローに関する公開予想に基づいて、もしERPが三％ならばインテルの株価は二〇四ドル、ERPが五％ならば株価は一三〇ドル（現在の株価に近い）になるが、ERPが七・二％になると、株価は八二ドルに下落することを示した。

買ったあと売るのか保有するのか

このように期待値の幅が大きいとき、取締役会はどうすればよいのだろうか。もし株価が二〇四ドルならば、彼らは積極的に自社株買いを行うべきだし、株価が八二ドルならば、その「過大評価」を利用して増資すべきである。このとき、取締役会は二つの問題に直面する。一つ目は、これが将来のキャッシュフローが分かっている前提の評価額であることだ。しかし、証券アナリストはもちろん、取締役会ですら将来の数字を明確に知ることなどできない。そこで当然ながら、現実の世界ではキャッシュフローを予想するしかない。二つ目の問題は、ERPの変化で評価額は大きく変動するのに、取締役会が市場よりも正確にERPを予想できる理由がないことだった。

あとから見れば、取締役会はもっと株を発行すべきだった。二〇〇八年末の株価は、株式分割後の三〇ドルの約三分の一で、二〇一四年になってやっと元の水準を回復した。安全性分析の価値については、学術的な証拠もある。

学術的な証拠

ジョセフ・エンゲルバーグとデビッド・マクリーンとジェフリー・ポンティフは、論文「アナリスト・アンド・アノマリー（Analysts and Anomalies）」のなかで、一九九四～二〇一七年にアメリカの証券アナリストが推奨した株を検証し、アナリストの予想は実際には学術的な記録と逆だったと書いている。アナリストの予想は、十分な証拠があるアノマリーと相反していたのだ。[1] そして、結果には統計的有意性があった。また、買い推奨はリターンにつながらなかったが、売り推奨は低リターンを予想できていたとしている。ほかにも興味深いことに、「市場」アノマリー（モメンタムや個別リスクなど、株のリターンや株価や出来高のみに基づいたアノマリー）がある銘柄に対して、アナリストはより好意的に推奨し、より高いリターンを予想していた。アナリストは企業のファンダメンタルズ分析の専門家だということを考えると、これは驚くべきことかもしれない。会計データに基づかないアノマリーのほうが優れた予想をしていたからだ。これらの証拠は、アナリストが価格のゆがみに貢献すらしていることを示唆している。彼らの推奨は、アノマリーに基づく複合的な価格のゆがみの評価スコアで、割高な銘柄を好むという体系的なバイアスがかかっているからだ。

この論文のなかで唯一良い指摘は、アノマリーが時間の経過とともに広く知られるようになり、より多くのアナリストがこの情報を推奨や目標値の予想に取り入れるようになったことで、対象期間にも逆相関は弱まっていったということだ。とはいえ、この期間の後半になっても、逆相関やよくて中立の関係は続いていた。このことについて著者たちは「今日のアナリストもまだアノマリーにかかわる価値ある情報をかなり見過ごしている」と結論付けている。

教訓

もし証券アナリストよりもはるかに多くの情報を入手できる企業のインサイダー（例え

ば、取締役）でも「正しい」評価額を想定するのが難しいならば、通常の銘柄選択の手法（アクティブ運用）の結果が悪く、安定しない理由は容易に理解できる。証券アナリストやアクティブ運用のマネジャーが市場を打ち負かすために多大な努力をしているが、その努力の多くは結果につながらなかったことを過去の証拠が示している。S&P五〇〇が発表しているアクティブ対パッシブ・スコアカードも毎回そう示唆している。賢い投資家（例えば、賢いビジネスパーソン）は、努力ではなく結果を気にする。だからこそ、「スマートマネー」は、体系的で透明性が高く再現性がある「パッシブ運用」で構成するポートフォリオに投資している。

次は、たとえ政治と経済の出来事を正確に予想できたとしても、市場を打ち負かすのが非常に難しいことについて書いていく。

第8章　何を望むかは注意が必要

ギリシャ神話のミダスはプリュギアの裕福な王だった。ある日、シレナス（上半身は人で下半身はヤギの神を意味するサテュロスで、ワインの神のディオニソスの教師）が道に迷い、ミダスの宮殿にたどり着いた。ミダスがシレナスを手厚くもてなしたことを知ったディオニソスは、ミダスに願い事をかなえると告げた。ミダスは、触れたものがすべて金（ゴールド）に変わる力を望み、これで世界一の金持ちになれると喜んだ。しかし、彼の愚かさはすぐに現実になった。飢えと絶望のなかで、慰めようと幼い娘を抱きしめると、大事な娘まで黄金に変わってしまった。ミダスはディオニソスにこの力を無効にしてほしいと懇願した。最終的にディオニソスはその願いをかなえ、幼い娘も生き返った[1]。

今日の投資家にとって、「ミダスタッチ」は経済成長率を予想できる能力かもしれない。もしどの国の成長率が最高になるかを一〇〇％の精度で予測できるならば、そこに投資し、成長率が低い国には投資しなければよい。これならば、異常な利益を上げることができそうだ。ただ、そうはいかないかもしれない。

過去の証拠

このことは、過去の国ごとの相対的な経済成長率と株のリターンの関係を見ると分かる。ジェイ・リッター（論文「エコノミック・グロース・アンド・エクイティ・リターン（Economic growth and equity returns）」の著者）、ジェレミー・シーゲル（『シーゲル博士の株式長期投資のすすめ』［日経ラジオ社］）、アンティ・イルマネン（『期待リターン』［きんざい］）など、複数の研究者が国の成長率と株のリターンは、実際には若干逆相関になっていると述べている。

ディメンショナル・ファンド・アドバイザーズのジム・デービスが二〇〇六年に行った新興市場に関する研究[2]は、さらなる証拠を示している。彼が新興市場を調べた理由は、新興国の市場が非効率的だと広く認識されていたからだ。

デービスは、ＩＦＣ（国際金融公社）のインベスタブル・ユニバース（投資可能な対象

図表8-1

	時価総額加重方式による平均リターン（年率）	均等加重方式による平均リターン（年率）
高成長率の国	16.4%	22.6%
低成長率の国	16.4%	21.5%

銘柄のデータベース）を翌年のＧＤＰ（国内総生産）成長率で二つに分けた。高成長のグループには、その年の実質ＧＤＰ成長率が上位五〇％の国が入っている。次に、彼は二つの加重方法（浮動株時価総額加重方式と均等加重方式）を使ってリターンを調べた（「浮動株」は公開市場で購入可能な発行済み株数）。企業については、国ごとに時価総額で加重している。**図表８−１**は、一九九〇～二〇〇五年の結果を示している。

これを見ると、事前にＧＤＰ成長率が高い国が分かっても、ほとんど優位性はないように見える。このことから、新興市場はそれ以外の国の資本市場と非常によく似ていると結論付けることができる。新興国も経済成長率の見通しを株価にうまく反映させているということだ。唯一、アドバンテージがあるとすれば、予想外の成長率を当てた場合かもしれない。例えば、市場がＧＤＰ成長率を六％と予想するなかで、あなたが正確に七％と予想すれば、その情報を活用できるかもしれない（その予想と戦略実行にどれだけのコストがかかるかによるが)。ただ、GDP成長率を市場よりも正しく予想できるという証拠は残念ながらない。

教訓

GDP成長率が最も高い国を正確に予想できれば、その知識を利用して異常なリターンを上げることができる気が直感的にする。しかし、残念ながら直感に頼ると間違った結論に達する。理由は、市場が将来の見通しにかかわる情報を効率的に価格に織り込んでいるからだ。そして、サプライズのみが文字どおり予想できないため、アドバンテージを与えてくれる。もちろん、予想はタダではない。調査費用だけでなく、その予想を利用するためにも運用コストやトレードコストや転売時の税金などがかかる。そして、これらの試みと支出はリターンを増やすのではなく減らすことを証拠は示している。つまり、ここでの教訓は、多くのアクティブ運用が間違った前提に基づいて運用しているということである。

次は、ほかの常識のなかにも間違った前提に基づいたものがある理由を説明する。

第9章　FEDモデルとマネーイリュージョン

「身なりの良い愚か者がいるように、立派に見えてもバカげた考えもある」——ニコラス・シャンフォール

手品は、錯覚によって観客を困惑させ驚かせて楽しませる技である。観客は、不可能なことを見せられると、手品師が超能力を持っているような印象を持つ。手品をする人たちはマジシャン、奇術師、イリュージョニストなどと呼ばれている。特に視覚的なイリュージョン（幻想）は目をだます。手品の多くは、目と脳を同時に欺くタイプに分類できる。

幸い、ほとんどの視覚的なイリュージョンは、だまされて恥ずかしい思いをするかもしれないこと以外に、参加者が失うものはない。しかし、幻想に基づいた投資戦略は、あら

ゆるタイプの間違いにつながる。

投資の世界には、たくさんの幻想がある。特に、データマイニング（データが想定に合うまで調整すること）の過程で、その多くが生み出されている。残念ながら、過去にうまくいったパターンを見つけても、必ずしも将来の株価の動きを知るうえで役に立つとは限らない。ファイナンスが専門のMIT（マサチューセッツ工科大学）のアンドリュー・ロー教授が指摘しているように、「十分な時間と十分な試行と十分な想像力があれば、どんなデータセットからでも好きなパターンを探し出すことができる[1]」。

株と債券の市場には、誤ったデータマイニングが蔓延している。ファースト・クアドラントのデビッド・レインウエバーは、このことを彼が言うところの「バカげたデータマイニングのトリック」と指摘したことで知られている。彼は国連の過去データを調べて、S&P五〇〇の予想において最も重要なデータはバングラデシュのバターの生産量だということを発見した[2]。この例は、完璧な幻想で、相関性があるというだけで必ずしも予想力があるとは言えないことを示している。予想が信頼を得るためには、相関性を説明する論理的な理由が必要になる。例えば、経済活動の水準と金利水準には理論的に高い相関性がある。経済活動が増えれば資金需要も増え、その価格（金利）も高くなる。

投資の間違いを生む可能性が高い幻想は、マネーイリュージョン（貨幣錯覚）と呼ばれている。間違いを生む可能性が高い理由は、投資家が市場が割安か割高かを判断するときに使っている「ＦＥＤ（連邦準備制度理事会。ＦＲＢのこと）モデル」という非常に人気が高い指標に関係している。

ＦＥＤモデル

一九九七年、ＦＲＢのアラン・グリーンスパン議長は議会に提出した金融政策報告書のなかで、今後一二カ月における S&P五〇〇の価格と収益のコンセンサス予想の比率の変化は、長期国債の利回りの変化と反比例することが多いと指摘した。[3] この報告書を見て、当時モルガン・グレンフェル&カンパニーのマーケットストラテジストだったエドワード・ヤルデニは、ＦＲＢがあるモデルを使って市場の価値が妥当か（つまり株価が債券価格と比較してどれくらい割安か）を判断していると推測した。このモデルは、ＦＲＢが使用したと認めたわけではないが、ＦＥＤモデルとして知られるようになった。

債券と株は競合する金融商品だという「理論」に基づき、このモデルは一〇年物国債の利回りを使って「適正価格」を算出し、それをEPR（株式益回り。PER［株価収益率］の逆数）と比較している。例えば、一〇年物国債の利回りが四％ならば、適正価格はERPが四％、PERは二五倍となる。もしPERが二五倍よりも高ければ（低ければ）、市場は割高（割安）とみなされる。しかし、この国債の利回りが五％になれば、PER二〇倍が適正価格になる。これは、金利が高くなると株の競争も厳しくなり、それが評価に反映されるという理論に基づいている。そのため、金利が低いほど株の評価は高くなり、その逆も言える。

ヤルデニがFEDモデルと名付けてからかなり経過するが、CNBCで市場は「適正価格」と比較してどうかという話は今でも頻繁に耳にする。評価ツールとしてのFEDモデルは「常識」になった。しかし、常識はよく間違っている。FEDモデルの主な問題点は二つある。一つ目は、多くの投資家がこれをどう使っているかと関連している。ヤルデニは、FRBがこのモデルを使って株を債券の競合商品として比較評価していると推測している。ただ、このモデルは絶対リターンの期待値は示していない。つまり、FEDモデルを使うと株は債券と比べて適正価格よりも低く評価される可能性があり、期待リターンは高くなったり、低くなったりするかもしれない。しかし、株の期待リターンは、債券との相対的な価値で決まるわけではない。株の実質リターンは、現在の配当利回りと、期待される将来の実質成長率で決まる。推定名目リターンを計算するためには、推定インフレ率を加味する必要がある。これは重要なポイントだが、多くの投資家は見落としているように見える。その結果、低金利が株の高い評価額を正当化しても、株の高評価が期待リターンに影響しないと考える投資家は失望する可能性が高い（そして、退職後に快適に暮らすための十分な資金を得ることができないかもしれない）。実際には金利水準に関係なく、ＰＥＲが高ければ期待利益は低くなり、逆も同じことが言える。

ＦＥＤモデルが誤った結論を導く二つ目の問題は、インフレが企業の収益に及ぼす影響と債券のリターンに及ぼす影響は違うことを考慮していないことである。長期的に見れば、企業収益の名目成長率は経済の名目成長率と一致している。同様に、企業収益の実質成長率は経済の実質成長率と一致している。[4]そのため、長期的な収益の実質成長率はインフレの影響を受けない。しかし、一〇年物国債の最終利回りは名目リターンなので、実質リターンはインフレ率を引く必要がある。インフレの影響を受ける数字と受けない数字を比較するという間違いは、いわゆる「マネーイルージョン」につながる。これが幻想である理由を見ていこう。

仮に、一〇年物TIPS（物価連動債）の実質利回りが二％だとしよう。もし長期の期待インフレ率が三％ならば、一〇年物国債の期待利回りは五％になる（TIPSの実質利回りの二％＋期待インフレ率の三％）。これをFEDモデルに当てはめると、株の適正価格はPER二〇倍（EPRが五％）になる。次に、長期の期待インフレ率が二％の場合を考えてみよう。そうなると、一〇年物国債の利率は五％から四％に下がり、株の適正価格はPER二五倍となる。しかし、これはバカげている。インフレ率は、株の投資家が求める実質リターンには影響しないため、評価額とも関係がない。そのうえ、前述のとおり、長期的に見れば名目収益の成長率とインフレ率には強い相関性がある。今回のケースでは、長期の期待インフレ率が二％ならば（三％ではなく）、名目収益の成長率は一％下がることになっているが、実質的な収益成長率（唯一、重要なこと）には影響がない。債券の実質リターンに影響を与えるのはインフレ率で、実質的な収益成長率ではないため、FEDモデルはインフレ率の影響を受ける数字と影響を受けない数字を比較していることになる（だからマネーイルージョンが生まれる）。

債券価格の実質金利の部分が下げた場合についても見ていこう。実質金利は経済の資金需要を反映しているため、実質経済の成長率を反映している。もし経済成長率の鈍化によって実質金利が下がれば、資金需要も減って金利も下がる。先の例を使えば、もしTIPSの実質金利が二％から一％に下がったら、名目金利にはインフレ率が一％下がるのと同じ影響があるため、適正価格のPERにも同じ影響があり、適正価格は上がる。しかし、これもバカげている。実質経済の成長率が鈍れば、それは企業収益の実質成長率が下がることを意味している。つまり、低金利による競争が減る一方で、将来の収益も減る。

企業の収益成長率は名目GNP（国民総生産）と連動しているため、長期のGNP成長率が一％下がれば、企業収益の期待成長率も一％下がる。金利低下の「メリット」は、将来の期待収益が同程度下げることで相殺される。また、経済が好調で実質金利が上がれば逆も言える。金利上昇のデメリットは、期待収益の成長率が加速することで相殺されるからだ。結局、投資家が望む実質リターンが変わらないのであれば、株の評価額が変わるはずがない。

クリフォード・S・アスネスは一八八一～二〇〇一年におけるFEDモデルについて調べ、このモデルに株の絶対リターンを予想する力はないと結論づけた。つまり、常識は間違っていた（ただ、前にも書いたが、ヤルデニはこれがFEDモデルを使う目的だと考えていたわけではない。このモデルが設計された目的を考えると、アスネスは割安・割高を示すモデルの「シグナル」を使って株と債券の相対的なパフォーマンスを調べるべきだった）。また、アスネスは一〇年間で見るとＥＰＲには強力な予想力があったとも結論付けている。つまり、金利水準に関係なくＥＰＲが高いほど株の期待リターンも高くなるし、その逆も言える[5]。

考慮すべきことはもう一つある。経済が好調ならば、実質金利は高くなり、企業収益も上がることが期待できる。好調な経済は株式投資のリスクを下げるため、投資家はリスクプレミアムが低くても受け入れるようになる。つまり、金利の上昇が好調な経済によるものならば（高インフレではなく）、株価の上昇を正当化できるのかもしれない。しかし、ＦＥＤモデルは金利が上昇すれば株の魅力が下がると示唆している。また、経済の不調で実質金利も下がる場合は、その逆になる。

本章の教訓を書く前に、新型コロナウイルス感染症によって一〇年物国債の利回りが一％を下回ったときＦＥＤモデルに言及した話は一つもなかったことを指摘しておきたい。これは、利回りが一％未満だと、ＰＥＲが一〇〇を超えてしまうからだ。もちろん、これもバカげている。言い換えれば、金利の急落によって「カーテンのむこうの魔法使い」（偉大だと思ったＦＥＤモデルも大したことはなかった）が明らかになったということだ。

教訓

手品のタネが分かるとせっかくのイリュージョンが台無しになってしまうが、金融イリュージョンの「魔法」が分かると、間違いを避ける役に立つ。マネーイルージョンの場合はその成り立ちを理解すれば、低金利（高金利）ならば株価が高い（低い）とか、株の期待リターンが高い（低い）という話にだまされないですむ。そうではなく、もし現在の株価が高ければ（ＰＥＲの倍率が高い）、将来のＲＯＥ（株主資本利益率）はそれまでよりも低くなる可能性が高く、逆もそう言える。ただ、これは投資家が「高評価」の株を避けるべきだということでも、低評価だから配分を増やすべきだということでもない。

ここまで読んで、市場が適正価格かどうかを判断するのにＦＥＤモデルを使うべきではないことと、ＰＥＲが将来の実質リターンをかなりうまく予想できるということに納得してくれたらうれしい。

次の第2部は、戦略的なポートフォリオに関する判断について書く。最初の例は不確実な状況でも勝てる戦略の選び方について見ていく。

第2部　戦略的なポートフォリオにかかわる判断

第10章　トッププレーヤーでも勝てそうにないとき

「最高のパフォーマンスを上げる株式ファンドを探す行為は知的な裏付けがない試みで、二〇世紀後半の金融界における最大の愚行の一つに挙げられるようになるだろう」――ジョナサン・クレメンツ

魔術師が現れて魔法の杖を一振りすると、あなたは世界一一位のゴルファーになった。この順位ならば、今年のスーパーレジェンドの大会に招待される。素晴らしいことだ。しかし、そうなると、世界でトップ一〇の選手と競わなければならない。そこで、対等に戦えるように、あなたには大きなアドバンテージが与えられる。ルールは次のようになっている。選手は一ホールごとに一人ずつプレーし、クラブハウスに戻ってスコアを報告する。

ほかの選手のプレーを見ることはできないため、あとからプレーするアドバンテージはない。一つのホールであなた以外の一〇人がプレーしたあと、あなたは彼らのスコアを見て次のどちらか選択できる。自分がプレーしてそのスコアを受け入れるか、プレーはしないでそのホールのパーを自分のスコアにするか、だ。

一番ホールはパー四だった。世界トップ一〇の選手がホールアウトしたところでスコアを見ると、八人がボギーだった。残りは、一人がパーで、もう一人がバーディーだった。あなたは今、パーにするか、実際にプレーするか決めなければならない。どちらにすべきだろうか。

このとき、賢い選択はプレーしないでパーの四打を受け入れることだ。もちろん、あなただってアンダーパーで回ることはできるかもしれないが（一人はそうしている）、その確率はかなり低いため（一〇％）、試すのは賢明とは言い難い。その一方で、パーを選択すれば、あなたはトッププレーヤーの八人よりも上のスコアになる。言い換えれば、世界のトッププレーヤーがほとんど失敗しているのに、自分がそこで成功できると考えるのは賢明ではない。例外は、何らかの方法で自分が有利な点を見つけられた場合となる。

例えば、もし一〇人のトッププレーヤーは前日に風速二二メートルの暴風のなかでプレーして、あなたは翌日晴天のなか、乾いた芝でプレーするならば、ボギーよりもバーディーになる可能性が十分高いのかもしれない。しかし、このようなアドバンテージがなければ、無理にプレーしないほうが賢明と言える。

この話と投資に何の関係があるのだろうか。次のように考えてみてほしい。もしどこかのだれかが市場を打ち負かすことができるとすれば、理論的に考えて、それはアメリカの大企業の年金基金だろう。なぜそれが良い想定なのだろうか。まず、大企業の年金基金は巨額の資金を運用している。彼らはえりすぐりのポートフォリオマネジャーを使い、それぞれが何十億ドルもの資金を運用している（そして多額の手数料を稼いでいる）。また、年金基金はほとんどの個人投資家には最低運用額が高すぎて依頼できないスーパースターマネジャーに依頼することもできる。

二つ目に、ベンチマークをアウトパフォームしたことがなかったり、最低でもベンチマークに匹敵する実績がないマネジャーを、これらの年金基金が雇うことはない。もちろん低パフォーマンスのマネジャーにチャンスはない。

三つ目に、大手企業の年金基金は、成功理由とその成功が続く理由をしっかりと説明できないマネジャーは雇わない。もちろん、その説明には説得力があるに違いない。

四つ目に、これらの年金基金の多くは、フランク・ラッセル、SEI、ゴールドマン・サックスといったプロのコンサルタントに依頼して面接や審査を行ったうえで、最も優秀な人材を選考するためのデューデリジェンスを行っている。彼らのようなコンサルタントが最高のファンドマネジャーを見つけるために、あらゆる選考方法を用いているのは間違いない。彼らは実績だけでなく、在職期間、スタッフの層の厚さ、パフォーマンスの継続性（長期間の実績が一年や二年の幸運な年のおかげではない）、弱気相場でのパフォーマンス、戦略の一貫性、回転率、コストなども確認する。あなたやあなたの投資顧問が思いつくことで、彼らが考慮していないことなどまずない。

五つ目に、個人投資家がコンサルタントのようにマネーマネジャーを個人的に面接し、細かくデューデリジェンスを行うといった贅沢はできない。それに、普通はその過程でミスを避けるためにプロが助けてくれるということもない。

六つ目に、年金基金がアクティブマネジャーに支払う手数料率は、個人投資家が払う額よりも低いことが多い。

年金基金がベンチマークを継続的に打ち負かす数少ないマネジャーを探した結果、どうなったのだろうか。彼らが「パーにすべき」だった証拠には説得力がある。例えば、リチャード・エニスは二〇二〇年に発表した「インスティチューショナル・インベストメント・ストラテジー・アンド・マネジャー・チョイス（Institutional Investment Strategy and Manager Choice：A Critique）」のなかで、公的年金はベンチマークを〇・九九％アンダーパフォームし、寄付金基金は一・五九％アンダーパフォームしたとしている。エニスはさらに、彼が調べた四六の公的年金基金のなかで、統計的有意なアルファを生み出したのはわずか一つで、統計的有意なマイナスアルファを生み出したのは一七あったと書いている。彼の計算によると「一〇年間でベンチマークをアンダーパフォームする確率は九八％で、ほぼ確実」[1]だった。このような証拠に基づいて、伝説の投資家で『敗者のゲーム』（日本経済新聞社）の著者でもあるチャールズ・エリスは、アクティブ運用は敗者のゲームで、勝つ可能性はあるが確率があまりにも低いため、試すのはバカげていると断言した。

　話をゴルフに戻すと、世界のトッププレーヤーの九〇％がパーを取れなかったのにあなたがそれに挑むのはバカげている。そして、あなたやあなたのブローカーや金融顧問よりもはるかに多くのリソースを持つ機関投資家が負け続けているのに、あなたが市場に挑むのもバカげているということに納得してくれると思う。エニスの調査で、アクティブ運用の一〇年間の勝率が約二％しかなかったことを思い出してほしい。あなたがバーディーを狙う唯一の理由は、機関投資家に勝る戦略的アドバンテージがある場合しかない。そこで考えてみてほしい。自分は彼らよりも多くのリソースを持っているのだろうか。自分は将来の勝者を探すために彼らよりも時間を割けるのだろうか。自分は機関投資家や彼らのアドバイザーたちよりも賢いのだろうか。あなたがウォーレン・バフェットでもないかぎり、これらの質問の答えがイエスの可能性はない。正直に答えれば、イエスにはならないだろう。

教訓

ウォール街はあなたがアクティブ運用に挑むことを望んでいるし、そうしてもらう必要がある。あなたにアンダーパーを狙ってもらう必要がある。彼らは、あなたが勝率があまりにも低くてやる気にならないことを分かっていてもプレーしてもらう必要があるのは、それで彼らが（あなたではなく）儲かるからだ。そのために、彼らは低パフォーマンスが続くアクティブ運用に高い手数料を課している。

また、金融メディアもあなたがプレーすることを望み、必要としている。そうすれば、視聴率が上がるからだ。彼ら（あなたではなく）は、それで儲けている。しかし、あなたがスーパーレジェンドの大会でプレーしないことを選択できるように、投資でもアクティブ運用しないことを選択できる。その代わりにパーを受け入れる、つまり市場リターン（平均リターンではない）を低コストと高い税効率で享受できる方法を選択すればよいのだ。そのためにはインデックスファンドやそのほかの体系的で戦略の透明性が高いファンドといった低コストのパッシブ運用の商品に投資すればよい。そうすれば、プロと個人投資家のほとんどをアウトパフォームするリターンを手にすることができることは実質的に保証されている。言い換えれば、あなたはプレーしないことで勝つことができる。それがアクティブ運用は敗者のゲームと呼ばれている所以だ。アクティブ運用で勝てないわけではない。勝てる確率があまりにも低いため、挑むのはバカげているということだ。

アクティブ投資に挑む唯一の理論的な理由は、それに高い娯楽的価値を見いだしている場合である。あるいは、勝ったときに大いに自慢したいという人もいるかもしれない。もちろん、彼らは負けたときはほとんどか、まったく語らない。

アクティブ運用は確かに興奮する。しかし、投資は興奮のためにするものではない。それはウォール街とメディアが作り上げた神話だ。そうではなく、投資は最小限のリスクで金銭的な目標と人生の目標を達成する可能性を最大にする試みである。投資と投機（ギャンブル）の違いはそこにある。

多くの人がスポーツベッティングや競馬やラスベガスのカジノで賭けて興奮を味わう。しかし、賢い人はギャンブルには資産のほんの小さな一部をスポーツベッティングなどに賭けて娯楽として楽しんでいるだけだ。同様に、「高パフォーマンスの聖杯」を求めてアクティブマネジャーが非常に低い確率を克服することに賭け、娯楽的価値を得られるとしても、退職資金（あるいは子供に残す資金や寄付したい金額）のほんの一部にしておかなければならない。

次は再びパフォーマンスの継続性と、チャンスの役割を理解する必要性について書いていく。

第11章　偶然の悪魔

「人はしばしば存在しないパターンを見つけ、偶然の成功を自分のスキルによるものと考える」――ミリアム・ベンスマン（インスティチューショナル・インベスター誌　一九九七年一月号）

二〇〇三年一月、ある大企業の投資委員会が、彼らが監督する数十億ドル規模の年金基金のパフォーマンスについて話し合った。パフォーマンスに失望した委員会は運用マネジャーを解雇し、後任を探すことにした。委員会は候補を徹底的に調べた。審査内容には、二〇〇二年までの一五年間における優れたパフォーマンス、優れたパフォーマンスの継続性、マネジャーとしての在職期間、回転率なども含まれていた。デューデリジェンスによ

図表11-1

ファンド	1988～2002年の年率リターン
ラリー・スウェドロー・インベストメント・トラスト	14.3%
レッグ・メイソン・バリュー	14.2%
ワシントン・ミューチュアル	12.4%
フィデリティ・マゼラン	12.3%
S&P500インデックスファンド	11.5%
ジャナス・ファンド	11.3%

って絞り込まれた最終候補とベンチマークであるS&P五〇〇のパフォーマンスを**図表11－1**にまとめた。

実績から言えば、パフォーマンスダービーの勝者はラリー・スウェドロー・インベストメント・トラストだった。このファンドはベンチマークを大きくアウトパフォームしただけでなく、一五年のうち九年（六〇％）でS&P五〇〇をアウトパフォームし、パフォーマンスの継続性が高かった。そのうえ、このファンドは全期間、同じファンドマネジャーが運用しており、回転率が極めて低かった。

投資委員会はデータを検証後、投票によってラリー・スウェドロー・インベストメント・トラストを選出した。ところが最後になってある委員がさらなるデューデリジェンスを提案した。ラリー・スウェドローを呼んで、投資戦略の説明を聞きたいというのだ。

私が委員会に出席すると、ファンドの素晴らしいパフォーマンスを称賛されたあと、私の投資戦略の説明を求められた。私はまず、妻の名前がモナ（Ｍｏｎａ）なので、私の幸運の文字はＭだと伝えた。そして、私の戦略はＭから始まるすべてのアメリカ株で時価総額加重ポートフォリオを構築し、毎年リバランスすることだと説明した。これはスキルなのだろうか、それとも偶然の悪魔の仕業だろうか。

この例は、データマイニングという方法で作った。これは、大量のデータからパターンを見つけて現実の世界の予想モデルを構築するテクニックだ。コンピューターに、ベンチマークをアウトパフォームする「戦略」を探すよう指示すると、データをマイニングやこじつけて、それを見つけてくれる。しかし、過去にうまくいった戦略を、将来も信頼できると結論付けるよりも前に、結果と戦略の相関関係に合理的な説明ができるかどうか考える必要がある。ラリー・スウェドロー・インベストメント・トラストの説明は、明らかに合理的ではない。つまり、まともな人ならば、私のファンドに資産運用を任せるべきではない。残念ながら、現実の世界ではデータマイニングによって、多くの投資商品がラリー・スウェドロー・インベストメント・トラストと似たような発想で作られている。

投資信託のスター

金融系のメディアは、常にどこかの投資信託のファンドマネジャーを、投資業界のマイケル・ジャクソンや「次のピーター・リンチ」として持ち上げようとしている。彼らも多くの投資顧問や個人投資家と同様に、データベースを徹底的に調べ、長期的かつ継続的にベンチマークをアウトパフォームするファンドマネジャーを探している。前提となるのは、短期的に市場をアウトパフォームしても単なる幸運かもしれないが、長期的にそれができていれば、それはスキルの証拠になるという考え方である。しかし、統計の基本的な知識があれば、何千人ものマネーマネジャーがいるなかでラリー・スウェドロー・インベストメント・トラストのように、長期的に高パフォーマンスを上げ続ける人が一人ではなく何人か、出てくることがあるのは分かる。

コイン投げのカリスマ

次のようなシナリオを考えてみてほしい。コイン投げ大会に一万人が集まった。ルールは、コインを投げる前に表か裏かを言うことで、一〇回続けて当たれば勝者として「コイン投げのカリスマ」の称号を与える。

統計的に言えば、一回目で五〇〇〇人が成功し、残りの五〇〇〇人は敗退する。二回目が終わると、二五〇〇人が残ると予想される。このようにして一〇回目が終わると、一〇人が一〇回続けて当て、カリスマの称号を受けることになる。この一〇人のカリスマたちが次のコイン投げ大会で勝つ確率はどれくらいだろうか。あなたは彼らが再び勝つことに賭けたいだろうか。答えは明らかだ。しかし、この話が投資と何の関係があるのだろうか。

今日、投資信託の数は株の上場銘柄数を超えている。そして、多くのファンドマネジャーが市場をアウトパフォームすることを目指して、アクティブ運用をしている。統計的に言えば、彼らのなかには成功する人もいる。ちなみに、経費差し引き前ならば市場をアウトパフォームするのはゼロサムゲームだ。すべての株はだれかが所有しているため、市場をアウトパフォームするアクティブマネジャーがいれば、アンダーパフォームするアクティブマネジャーもいる。つまり、特定のアクティブマネジャーが市場をアウトパフォームする確率は最高でも五〇%である。しかし、これはアクティブマネジャーの高い経費を差し引く前の話である。コイン投げの例からも分かるように、アクティブマネジャーの半分がある年、市場をアウトパフォームし、四分の一が翌年も連続でアウトパフォームし、八分の一が三年連続でアウトパフォームする。そして、三年連続で市場をアウトパフォームすれば、金融メディアはカリスマだと持ち上げる。しかし、ここで考えるべきは、彼らは投資のカリスマなのか、それともコイン投げのカリスマなのかということである。実は、両者の違いを定義するのは難しい。

先のコイン投げの例で参加者を一万人としたのは、アクティブ運用ファンドの数と近いからだ。先の例で言えば、一〇年間連続でベンチマークをアウトパフォームするファンドは一〇社あると期待できる。このような統計の知識がないと、投資家はスキルと「偶然の悪魔」を混同してしまう。

「次のピーター・リンチ」と呼ばれていた一人がレッグ・メイソン・バリュー・トラストのビル・ミラーだった。彼は、S&P五〇〇を一五年連続（一九九一～二〇〇五年）でアウトパフォームするという現役のマネジャーでだれもできないことを達成した。もちろん、運が良かったのかもしれないが、これは将来のパフォーマンスを予想するデータとして信頼できそうだ。ただ、そう結論付ける前に、次のような事実について考えてみてほしい。

金融史を知らないものはそれを繰り返す運命にある

一九七四～一九八四年にかけて、リンドナー・ラージ・キャップ・ファンドがS&P五〇〇を一一年連続でアウトパフォームした[1]。一一年間見守ってからカリスマだと確認し、このファンドに投資した人たちはどうなっただろうか。ちなみに、翌年からの一八年間で、S&P五〇〇のリターンは年率一二・六%だった。一方、過去のパフォーマンスが将来を示唆していると信じてリンドナーに投資した人たちが受け取ったリターンはわずか四・一%、一八年間でS&P五〇〇を八%アンダーパフォームした。一一年間連続でS&P五〇〇をアウトパフォームしたあとの一八年間で、S&P五〇〇に打ち勝ったのは四年間だけで、一〇年目からの九年間はすべての年でアンダーパフォームしたのだ。過去のパフォーマンスが将来を予想できると信じていた人たちは、かなり高い代償を払うことになった。結局、リンドナー・ファンドの苦戦は二〇〇三年一〇月にヘネシー・ファンドに買収されるまで続き、そのあとヘネシー・トータル・リターン・ファンドに吸収された。

それでも納得できないだろうか。それならば、44ウォール・ストリート・ファンドのデビッド・ベーカーのケースを見てみよう。このファンドは一九七〇年代を通してアメリカ株の分散投資でトップのパフォーマンスを上げ、伝説のピーター・リンチが運用するフィデリティ・マゼラン・ファンドさえもアウトパフォームしていた。この時期に投資しようとしていた人は、デビッド・ベーカーがいるのにピーター・リンチを選ぶ理由などなかった（もちろん当時は知りようもなかったが、リンチの高いリターンは一九八〇年代も続いた）。

一〇年間待ってベーカーの結果が運ではなくスキルだと確信してから投資した人たちはどうなっただろうか。残念ながら、このファンドは一九八〇年代に七三％下落して、ワースト一位になった。[2] 同じ時期にS&P五〇〇は年率一七・六％上昇した。ベーカーのファンドに投資した一ドルはわずか〇・二七ドルに減ってしまったが、S&P五〇〇に投資した一ドルは五ドルを超えていた。ベーカーのファンドはその後も低パフォーマンスが続き、一九九三年に44ウォール・ストリート・エクイティ・ファンドに吸収され、そのあと一九九六年にはマッターホルン・グロース・ファンドに吸収された。

教訓

リンドナー・ラージ・キャップ・ファンドや44ウォール・ストリート・ファンドのケースからも分かるように、「ホットハンド」（その時点でパフォーマンスの良いファンド）や過去のパフォーマンスから、アクティブ運用ファンドやそのマネジャーの将来のパフォーマンスを予想するとかなり高くつくことになる。残念ながら、金融メディアと一般大衆は素晴らしいパフォーマンスはランダムな結果である可能性が高いのに、スキルによるものだとすぐに信じてしまう。理由は、ノイズは売れるからである。金融メディアの仕事はそれを売ることであり、賢明な投資の助言をすることではない。

結局、将来も第二のピーター・リンチや第二のビル・ミラーは出てくるだろうが、事前にそれを見分ける方法はない。そして残念なことに、私たちが買えるのは過去のパフォーマンスではなく将来のパフォーマンスしかない。この自明なことを示す完璧な例がレッグ・メイソンのミラーのケースだった。二〇〇六年、レッグ・メイソン・バリュー・トラストはS&P五〇〇を約一〇％アンダーパフォームし、ミラーの連勝は止まった。実際、彼のファンドのパフォーマンスはあまりにも低かったため、三年間のリターンがS&P五〇〇を年率二・八％もアンダーパフォームした。このことは、パフォーマンスがスキルによるものか、それとも「偶然の悪魔」によるものかを見分けるのが極めて難しい証拠にもなっている。

結論としては、過去のパフォーマンスを将来の指針としていると、次のピーター・リンチに投資できるかもしれないが、次のデビッド・ベーカーに投資してしまうことになる可能性も同じくらいある。このようなリスクは、賢くてリスクを避ける投資家（あなたもその一人だろう）はとるべきではない。それをすれば、投資家の嘆きを繰り返すことになる。「昨年のトップファンドを保有しているが、残念ながら今年になって買った」。投資家がランダムな結果に簡単にだまされる理由を学びたい人は、ナシーム・ニコラス・タレブの名著『まぐれ』[3]（ダイヤモンド社）を読むとよい。

次は、敗者のゲームはプレーしないことが賢い判断だという説明をする。

第12章　柔軟に考える

「ギャンブルで最高のアドバンテージはプレーしないこと」――ジローラモ・カルダーノ（一六世紀の医師、数学者で典型的なルネサンス人）

親しい友人で、『ザ・コーヒーハウス・インベスター（The Coffeehouse Investor）』の著者でもあるビル・ショルタイスは、投資における勝利の戦略は市場リターンを受け入れることだと理解してもらうために、「柔軟に考える」ことを学ぶゲームを考案した。プレーするかプレーしないかを選ぶゲームである。

このゲームでは、あなたは投資家として次の選択肢がある。まずは**図表12－1**を見てほしい。九つの数字は、一生涯受け取ることが保証されている金融資産のリターンを示して

図表12-1

%	%	%
0	5	23
6	10	14
−3	15	20

いる。

あなたには次のような選択肢がある――①中央の枠の一〇％のリターンを受け入れる、②いったん部屋を出て、その間にシャッフルされた数字を見ないで選ぶ。あなたはすぐさまほかの八つの箱の平均が一〇％だと計算する。つまり、もし一〇〇人がプレーして、みんなが②を選択すると、平均期待リターンは①と同じになる。もちろん、なかにはマイナス三％を引く人もいれば、プラス二三％を引く人もいる。これは投資の世界と似ている。市場リターンが一〇％のときにアクティブ運用ファンドを選べば年率二三％を得られるときもあれば、運悪く年率三％を失うときもある。合理的にリスクを避ける投資家は、論理的かつ「柔軟に考えて」一〇％の市場の平均リターンを受け取るべきだろう。

私が投資顧問として投資家にこのゲームの話をすると、プレーすることを選んだ人はこれまで一人もいなかった。全員が標準である一〇%を選択した。宝くじを一ドル買うことはあっても、長年貯めたお金を投資するときは、より賢明に選択していた。

次は同じゲームで、すべてのボックスの平均は、プレーしない場合と同じ一〇%だが、プレーすると、五〇%は平均を超えるリターンを得て、残りの五〇%は平均未満になるとしよう。バーキンと共著である『ジ・インクレディブル・シュリンキング・アルファ（The Incredible Shrinking Alpha）』でも紹介したとおり、学術研究によるとアクティブ運用の投資信託がアルファを生む確率は五〇%をかなり下回っている。実際、今日のアクティブ運用ファンドが税引き前に統計的有意なアルファを生み出す確率はわずか二%しかない。先の勝率が五〇%のゲームでもプレーしないのに、最も洗練された投資家でも失敗確率が高いゲームをプレーしようという人にはどのような理由があるのだろうか。しかし、これこそがアクティブ運用を選ぶ人たちのしていることなのである。

大手の機関投資家があらゆるリソースを駆使してもリスク調整後のベンチマークをアウトパフォームすることができないという研究もある。[1]それに、彼らはリソース以外にも非課税という大きなアドバンテージがある。一方、あなたが課税口座で株式投資をすれば、リターンに課税される。アクティブファンドにさらに税金が加われば、市場リターンをアウトパフォームする可能性はさらに下がる。

教訓

アクティブ投資に挑む必要はない。カジノのクラップス（サイコロゲーム）並みの低い勝率を克服しようとする必要もない。そうではなく、柔軟に考えると、パッシブ投資ならば市場のリターンを受け取ることができる。『インベストメント・ポリシー（Investment Policy）』の著者でもあるチャールズ・エリスは、次のように書いている。「資産運用において優れた結果を出すためのチャンスは、市場をアウトパフォームするために奮闘するのではなく、適切な長期投資の方針を確立してそれに従うことで、それは長期的に市場の大きな勢力に便乗して利益を得るポートフォリオを構築することである[2]」

次は、過去のパフォーマンスが将来の予想になるという根強く信じられている常識について見ていく。

第13章　八方ふさがり

「狂気とは同じことを繰り返して、違う結果を期待すること」――ベンジャミン・フランクリン

ギリシャ神話のシーシュポスはアイオロス（テッサリア王）の息子で、賢いが邪悪な男だった。彼は旅人を待ち伏せては殺し、神々の秘密を密告し、死の神タナトスを拘束して、死者が黄泉の国に行きつくことができないようにした。結局、ハデス（死の国を支配する神）が介入してシーシュポスを厳しく罰した。シーシュポスは死者の国にとどまって同じタスクを永遠に行うことになった。彼のタスクは大きな岩を急坂の上まで押し上げることだったが、頂上に達する直前に岩は転げ落ちていくため、また最初から岩を運ばなくては

ならない。市場をアウトパフォームするアクティブファンドを探している投資家も同じような運命をたどるのだろうか。

多くの金融顧問や投資委員会や年金基金・退職金基金の受託者は、過去のパフォーマンスに基づいて運用マネジャーを選ぶ。この選考過程には徹底的なデューデリジェンスが含まれており、たいていは「ゲートキーパー」であるフランク・ラッセルやSEIといったコンサルティング会社が助言している。これらの会社は膨大なリソースを持っている。しかし、残念ながら過去の素晴らしい実績に基づいて選ばれたアクティブマネジャーが期待に応えることはあまりない。パフォーマンスがパッシブ運用のベンチマークをアンダーパフォームすると、決定権を持つ人たちはアクティブマネジャーを解雇せざるを得ない。そして、同じ選考過程が繰り返される。また最初からデューデリジェンスを行い、新しいマネジャーが選ばれて運用を始める。しかし、二～三年後には同じことが繰り返される。

証拠

解雇されたマネジャーが、後任のマネジャーをアウトパフォームすることを示す研究は、ハーマン・ブローディー、クラウス・ハーナック著「ザ・トラスト・マンデイト（The Trust Mandate）」[1]、ハワード・ジョーンズ、ジョーズ・ビンセント・マルティネス著「インスティチューショナル・インベスター・エクスペクテーション・マネジャー・パフォーマンス・アンド・ファンド・フロー（Institutional Investor Expectations, Manager Performance, and Fund Flows）」[2]、アミット・ゴヤル、スニール・ワハル著「ザ・セレクション・アンド・ターミネーション・オブ・インベストメント・マネジメント・ファーム・バイ・プラン・スポンサー（The Selection and Termination of Investment Management Firms by Plan Sponsors）」[3]など多数ある。また、ティム・ジェンキンソン、ハワード・ジョーンズ、ジョーズ・ビンセント・マルティネス著「ピッキング・ウイナー？（Picking Winners? Investment Consultants' Recommendations of Fund Managers）」[4]は、コンサルタントの推奨が付加価値を与えた証拠は見つからなかったとしている。残念ながら、多くの個人投資家も同じことをしている。そして、低パフォーマンスに終わる可能性が高いという同じ結果になっている。

過去のパフォーマンスが将来のパフォーマンスを予想する可能性が高いという「常識」は、私たちの文化に深く根ざしており、外れ続けても、それが間違っているかどうか疑問視する人すらほとんどいない。なぜ投資家は「自分のマネジャー選考方法で市場をアウトパフォームするリターンが得られないのに、次も同じ方法で選考して、成功など期待できるのだろうか」と自問しないのだろうか。答えは痛いほど明らかだ。しかし、もし違うことをしなければ、期待すべき結果も同じになる。にもかかわらず、多くの人がこの簡単な疑問を持たない。

理由を考えるうえで、アクティブ運用会社も「ゲートキーパー」も、あなたにそんな疑問を持ってほしくないと思っていると理解するのは重要である。そんなことになれば、彼らは仕事を失うからだ。しかし、あなたはその質問をすべきだ。あなたの義務は自分やあなたが受託している資金の受益者のために最高のリターンを得ることであり、ファンドマネジャーやコンサルタントの生活を支えることではない。

私はバッキンガム・ストラテジック・ウエルスの経済・金融調査の責任者として、この単純な質問を何百人もの人にしてきた。しかし、だれ一人として彼らが前と違う結果を期待する理由も、前の結果を避けるためにどこを変えればよいかも、答えられない。アクティブマネジャーを選ぶ人たちは、彼らならば「シーシュポスの岩を山の上まで運ぶことができる」と思っているのだろうか。

教訓

シーシュポスと同様に、個人投資家も機関投資家も失敗確率が非常に高い行動を繰り返すことを運命づけられているようだ。ただ、その確率はシーシュポスほど低くない。シーシュポスのタスクは失敗率が一〇〇%だが、アクティブマネジャーを選んでリスク調整後のリターンが長期的に市場をアウトパフォームする確率はゼロではない。それでも、この確率の低さは試すにはバカげている。もちろん、ほかにも選択肢はある。投資家はジョージ・サンタヤーナの助言を聞けばよい。「過去を覚えていない人は、過去を繰り返す運命にある[5]」

次は、別の常識――株は短期投資の場合のみリスクが高い――に挑んでいく。

第14章　株は投資期間の長さに関係なくリスクが高い

「もしタイムマシンでアメリカの歴史をさかのぼることができるとしても、今日、株を買うのは簡単ではない」
――テリー・バーナム著『トカゲの脳と意地悪な市場』（晃洋書房）

『サーティン・デイズ・イン・オクトーバー（Thirteen Days in October）』は、キューバのミサイル危機に関するノンフィクションだ。幸い危機は脱したが、想定とは違うことが起こっていた。現在では、アメリカとソ連の艦船が対峙していたときに、ソ連の二人の士官が核兵器の発射を支持していたことが分かっている。MIT（マサチューセッツ工科大学）のノーム・チョムスキー教授は、当時のことを次のように書いている。

ソ連の潜水艦がケネディ大統領の「封鎖」線に近付いたため、アメリカの駆逐艦が信号弾を投下した。このとき、ソ連側は核魚雷の発射命令を出したが、ソ連の潜水艦の副艦長だったヴァシーリー・アルヒーポフがその命令を拒否していたことがのちに明らかになった。もし彼が命令に従っていたら、アイゼンハワーが警告したように、核魚雷の発射は核ミサイルの応酬の引き金になって「北半球を破壊」していたのはほぼ間違いない[1]。

もしアルヒーポフが発射命令を拒否しなければ、歴史は変わっていたのかもしれない。アメリカ株のリターンの歴史は極めて良好だが、もしキューバ危機（一九六二年一〇月一六～二八日）の展開が違っていたら、そうはなっていなかっただろう。

一九二六～二〇二二年にS&P五〇〇は年率一〇・一%のリターンを上げた。これはインフレ率の三・二%を六・九%も上回っている。同じ時期、長期の米国債のリターンは年率五・二%で、インフレ率を引くと二・〇%だった。この素晴らしいリターンを受けて、ジェレミー・シーゲルはベストセラー『株式投資』（日経BP社）のなかで、株式は投資期間が短いときのみリスクが高いと宣言した。シーゲルは、その証拠として一八〇〇年代初期までさかのぼったアメリカ株のデータを紹介した。[2]

ただ、投資期間が長ければ株はリスクがないという主張は、たった一つのデータ（アメリカ）の一つの期間（長期ではあるが）に基づいている。これは、「当たりくじを引いた」ようなことかもしれない。言い換えれば、もし株が短期投資の場合のみリスクが高いのならば、ほかの市場でも確認すべきである。残念ながら、ほかの多くの市場ではアメリカの投資家が受け取ったようなリターンはなかった。アメリカ株のリターンは単なる「楽観主義の勝利」だったのかもしれない。歴史を巻き戻してみよう。

一九四九年一月一日、アメリカの投資家は過去二〇年の株のリターンを調べていた。彼らは、S&P五〇〇のリターンが年率三・一%で、米長期国債を年率〇・八%アンダーパフォームしたことを知った。二〇年以上投資すれば株は必ず債券を打ち負かすという主張はこれくらいにしておこう。当時、アメリカの投資家は世界をどう見ていたのだろうか。実は彼らは、世界は非常にリスクが高いと思っていた。二回の世界大戦と世界大恐慌があり、ヨーロッパには鉄のカーテンが降ろされ、冷戦の緊張が高まり、朝鮮半島では衝突が起こり、朝鮮戦争（一九五〇年六月二五日）が世界を巻き込むと核戦争に発展する脅威すらあった。世界は非常に危険な状態に見えたため、一九四九年一月のS&P五〇〇のPER（株価収益率）はわずか六・六倍だった。

結局、資本主義が勝利し、朝鮮戦争は世界戦争に発展せず、鉄のカーテンとソ連が崩壊し、資本主義と民主主義が世界の多くの国に広がったことは今だからこそ分かる。そして、世界のリスクは一九四九年の投資家が想像したよりもはるかに低くなった。結果的に、アメリカの投資家は目を見張るほどのリターンを手に入れた。投資家が要求する株のリスクプレミアムが劇的に下がったからだ。一九四九～二〇二二年にS&P五〇〇のリターンは年率一一・三％を記録し、長期国債の五・五％をはるかに上回った。これは想定どおりの結果だったのだろうか。

もしアルヒーポフが発射命令を拒否しなければ、アメリカ株のリターンがどうなったか分からないし、シーゲルの『株式投資』も執筆されなかったと言ってよいだろう。ここでは、投資期間が長くなれば株式投資でより大きなリスクがとれるようになる面はあるとしても（資金を調達のために売却しないで弱気市場を乗り切ることができるため）、投資期間に関係なく株式投資にはリスクがあるということを肝に銘じておいてほしい。実際にそれが、長期的に見れば、アメリカ株に必ずではないがたいていは高いリターンをもたらしてきた理由でもある。投資家は、株が常に高リスクであることを知っているため、株価には期待（保証ではない）リスクプレミアムが乗っている。言い換えれば、株は投資家を引き付けるために十分安くなっており、リスクをとる代わりに十分なリスクプレミアムが得られるようになっている。一九四九年当時、世界は投資するには非常にリスクが高く見えたため、リスクプレミアムは非常に高く、ＰＥＲは非常に低かった。

株は投資期間に関係なくリスクが高いし、アメリカ株はたまたま「当たりくじを引いた」だけだということにまだ納得できないのならば、エジプトで株式投資をしていた人たちのことを考えてみてほしい。一九〇〇年当時、エジプトの株式市場は世界第五位の市場だった。エジプトの投資家たちは、いまだにリターンはおろか資本が元に戻るのを待っている。別の例もある。一八八〇年代に開発目的の資本がヨーロッパから西半球の二つの有望な国に投資されていた。それがアメリカとアルゼンチンだった。ところが、一方の長期投資家は大いに報われたものの、他方は違った。もしスタートレック風に言えば「別宇宙」が現れたとしたら、結果は逆になり、シーゲル教授の本はスペインについて書かれていたかもしれない。

最後に、日本の投資家についても考えてみよう。一九八九年一二月、日経平均は史上最高値の三万八九五七円を付けた。そのあと、一九九〇～二〇二二年の日本の大型株のリターンは年率〇・二％で（野村ＭＳＣＩ指数）、トータルリターンはわずか六％だった。この期間の累積インフレ率が約一五％だったことを考えると、日本の大型株は三三年間で実質マイナス九％だったことになる。日本の長期投資家が、長期ならば株のリスクは高くないなどと思っているだろうか。

教訓

株式は、投資期間の長さに関係なくリスクが高い。合理的な投資家は、株は常にリスクが高いことを知っている。つまり、市場は、株価を投資家が期待リスクプレミアムを受け取ることができる水準にしている。多くの投資家はリスクを避けるため、株のリスクプレミアムは歴史的に高くなっている。

投資家は、自分の状況に見合わないような水準を超えてリスクをとってはならない。また、ナシーム・ニコラス・タレブの警告を覚えておく必要がある。「今まで一度も起こったことがないようなことが起こるのだ、ということを歴史は教えてくれる」[3]。もし二〇〇一年九月一一日に起こったことから何も学ばなかったとしても、今まで起こらなかったようなことが起こるということは学んだはずだ。そして、この教訓さえ覚えておけば、ほぼ起こらないようなこと（例えば、非常に長い、あるいは永遠に続く弱気市場）でも起こる場合があることを頭の片隅に置いておくだけで意味を持つだろう。

次は、個別株への投資が投資家が考えるよりもはるかにリスクが高い理由について書いていく。

第15章　個別株は投資家が考える以上にリスクが高い

個別株を買うと、素晴らしいリターン（次のグーグルが見つかるかもしれない）と悲惨な結果（次のエンロンになるかもしれない）という二つの可能性がある。しかし実際には、投資家はわざわざリスクをとっても悲惨な結果に終わる（投資家が簡単に分散できるリスクをあえてとって高いリターンを期待しても、市場はそれに報いてくれない）。つまり、個別株を買わないことが合理的な戦略になる。残念ながら、平均的な投資家はリスクを回避したいのに、そのようには行動しない。賢明さと経験よりも楽観性が勝って分散することができないからだ。

分散するほうが明らかに有利なのに、投資家はなぜポートフォリオを広く分散させないのだろうか。理由の一つに、ほとんどの投資家が個別株のリスクの高さを理解していないことがある。その知識不足を正すために、いくつかの文献を見ていこう。最初は、ロングボード・アセット・マネジメントによる「ザ・キャピタリズム・ディストリビューション（The Capitalism Distribution）」で、これは株の上位三〇〇〇銘柄を一九八三～二〇〇六年にかけて調べている。[1] 著者たちは、ラッセル三〇〇〇のリターンが年率一二・八％で、累積リターンが一六九九四％なのに対して、個別株に関する次のような事実を述べている。

●年率リターンの中央値はわずか五・一％で、市場を七・七％アンダーパフォームした。
●年率リターンの平均はマイナス一・一％だった。
●インフレを考慮しないで対象期間に株の三九％は資金を失った。
●インフレを考慮しないで株の一九％は七五％以上の価値を失った。
●株の六四％はリターンがラッセル三〇〇〇をアンダーパフォームした。
●市場の上昇にかかわった株はわずか二％だった。

株を選んで買った投資家は、ほぼ五分の二の確率で資金を失い（対象期間に市場を一六九四％以上アンダーパフォームし、さらに累積インフレ率の一〇七％を失った）、約五分の一の確率で投資額の七五％とインフレ分を失った。ちなみに、指標をアウトパフォームする株を選ぶ確率は、三分の一を少し超える程度だった。

すべての株の平均年率リターンがマイナスなのに、なぜラッセル三〇〇〇のリターンがプラスなのか疑問に思うかもしれない。答えは、この指標の算出方法によるところが大きい。ラッセル三〇〇〇は時価総額で加重しているため、好調で株価が上昇している株の加重が大きくなる。同様に、不調で株価が下がっていれば、加重は小さくなる。それに加えて、年率リターンがマイナスの株は好調の株よりも存続期間が短くなるため、指標にマイナスの影響を与える期間も短くなる。

個別株のリスクの高さを示す好例をもう一つ紹介しよう。一九九〇年代の歴史的な強気相場でラッセル三〇〇〇は年率一七・七％のリターンを上げ、累積リターンは約四一〇％になったが、同じ時期のアメリカ株二三九七銘柄のリターンはマイナスだった。ちなみに、これは実質リターンではなく絶対リターンで、市場を四一〇％以上アンダーパフォームした）。また、この一〇年の累積インフレ率は三二・五％だったため、実質的な損失は三三・五％を超えていた。ただ、この衝撃的な数字でさえ正確ではない。それはこの期間を通して存続した銘柄のみが対象となっているためで、この数字には大きな生存者バイアスがかかっている。

ヘンドリック・ベッセンバインダーの論文「ドゥ・ストック・アウトパフォーム・トレジャリー・ビル？（Do Stocks Outperform Treasury Bills?）」[2]が、個別株のリスクの高さを理解する助けになる。彼は一九二六～二〇一五年のNYSE（ニューヨーク証券取引所）、Amex（アメリカン証券取引所）、ナスダックのすべての上場株について調べた結果を、次のように述べている。

●一カ月物Tビルのリターンを超えた株は四七・七％だった。
●一〇年間で見ても、Tビルのリターンを超えた株はわずかだった。
●サンプルの初めか最初にデータに登場したときから、サンプルの終わりか上場廃止までの間で、上場廃止のリターンがある場合はそれも含めて、保有期間のリターンが一カ月物Tビルをアウトパフォームした普通株はわずか四二・一％だった。ちなみに、個別株の七一％以上が株の上場期間に数字上はプラスの平均リターンを記録したが、普通株の累積リターンがプラスだったのは半分以下（四九・二％）で、その中央値はマイナス三・七％だった。これは、ボラティリティと、数字上の年平均リターンと累積リターンの年率の違いによる。例えば、もしある株が一年目に五〇％下げ、翌年に六〇％上がれば、数字的にはプラスのリターンだが、実際には損失（二〇％）が出ているため、累積リターンはマイナスになる。

●小型株はプレミアム（年率平均二・八％）があっても、リターンはベンチマークのゼロやTビルのリターンをアンダーパフォームする可能性が高い。小型株で保有期間のリターンが一カ月物Tビルをアウトパフォームしたのはわずか三七・四％だった。その一方で、最大十分位の株の八〇％は一〇年間のリターンがプラスで、そのうちの六九・六％は一カ月物Tビルをアウトパフォームした。

●リターンのポジティブスキューを反映して、生涯保有期間のリターンがクロスセクションの全期間平均リターンをアウトパフォームしたのはわずか五九九銘柄（全体の二・三％）だった。

●株がザ・センター・フォア・リサーチ・イン・セキュリティー・プライス（シカゴ大学ブース・スクール・オブ・ビジネスが運営する株式と指数のデータベース）に存続した期間の中央値はわずか七年強だった。

●このデータベースに九〇年間存続した株はわずか三六銘柄だった。

●単一銘柄の戦略は、ブートストラップシミュレーション（復元抽出を基にした検定）の九六％で時価加重市場をアンダーパフォームし、九九％で均等加重市場をアンダーパフォームした。

●同じシミュレーションで単一銘柄の戦略が一カ月物Tビルのリターンをアウトパフォームしたのはわずか二八％だった。

●九〇年間で、単一銘柄の戦略が時価加重の市場リターンをアウトパフォームしたのはわずか三・八％、均等加重の市場リターンをアウトパフォームしたのはわずか一・二％だった。

結局、ほとんどの普通株（七銘柄のうち四銘柄以上）は、その上場期間にTビルのリターンをアウトパフォームすることができなかった。ベッセンバインダーの調査結果は、ポジティブスキューがかなり大きいことと（宝くじのような分散）、個別株のリターンにはリスクが伴うということだった。また、パフォーマンスで上位八六銘柄（全体の三分の一％に満たない）が、全体の利益の半分以上を生み出していた。そして、上位一〇〇〇銘柄（全体の四％弱）がほぼすべての利益を生み出していた。一方、残りの九六％の株のリターンは、無リスクの一カ月物Tビルと同じだった。これはすごいことだ。株の投資家には大きなリスクプレミアムが存在する一方で、この調査ではほとんどの株のプレミアムがマイナスになっていた。この調査結果は、一つか、少数の個別銘柄を買ってリスクをとっても報われないケースがどれほど多いかを示している。しかし、このリスクは分散によって期待リターンを下げることなく回避できる。

ベッセンバインダーは、彼の調査結果が、分散度が低くなりがちなアクティブ戦略の多くがベンチマークをアンダーパフォームする理由を理解する助けになるとしている。彼はさらに、これらの結果は分散しないとベンチマークをアンダーパフォームすることを知りながら、「宝くじのような」結果に特に引かれる投資家が分散度の低いポートフォリオを正当化することに使われかねないとも言っている。そこで、ベッセンバインダーは、宝くじ的な投資の影響を次のデータで指摘している。最低十分位の株のなかで一カ月物Tビルのリターンをアウトパフォームしたのはわずか三一・五％だったが、それが最高十分位の株は五九・一％だった。

これまで見てきた研究結果は、ポートフォリオを分散することの重要な役割に光を当てている。分散は、投資で唯一のフリーランチである。しかし、残念ながら、ほとんどの投資家は目の前のごちそうに手を出さない。ベッセンバインダーは、こうも書いている。「これらの結果は、分散していないポートフォリオがベンチマークをアンダーパフォームするのは、大きなリターンを生み出すいくつかの株を買っていないからかもしれないという事実に目を向けさせる。この結果は、なぜアクティブポートフォリオ戦略（たいていはあまり分散されていない）のほとんどがベンチマークをアンダーパフォームする理由を説明する助けになる。パフォーマンスの低さは通常、トレードコスト、手数料、場合によってはマイナススキルとも言える行動バイアスによるとされている。しかし、ここまでの結果は、原因がコストや手数料や逆効果のスキルよりも、あまり分散されていないことのほうがアクティブ運用を低パフォーマンスにしている可能性が高いことを示している。[3]

投資する銘柄数を限定することで、よりうまくリスクを管理できるという認識は、間違っている。

教訓

投資家は、特異（独自）で、分散可能で、補償されないリスクをとるときに間違いを犯す。この経済的に不合理的な行動をとる理由は、行動ファイナンスの研究で説明されている。このような行動をとるのは、自分のスキルを過大評価し、自分が持つ情報の価値を過大評価し、なじみのあることと安全を混同し、自分が把握できているという幻想を持ち、効果的にリスクを分散するために必要な銘柄数を理解しておらず、補償されるリスクとされないリスクの違いを理解していないからである（分散可能なのにそれをしないから補償されないリスクもある）。

行動ファイナンスの分野からさらに説明すると、投資家はゆがみを好む。彼らは、パフォーマンスが低くなる可能性のほうがはるかに高くても、低い勝率を受け入れて次のグーグルかもしれない株を買う。言い換えれば、彼らは宝くじを買うようなつもりで投資しているのだ。もしあなたが間違いを犯したと自覚したのなら、賢い人を見習って、その間違いを正してほしい。

次は、投資の世界がいかに不確実性にあふれているかを理解することの重要性を説明する。この世界では、マイナスの結果を計算することはできず、推測することしかできない。また、不利な結果に終わる可能性を考慮し、投資計画に組み込んでおく必要がある理由も説明する。最後に、モンテカルロシミュレーションがいかに役立つツールかも説明する。

第16章　すべての水晶玉は曇っている

「予想確率ではなく、判断結果を常に最優先に考えなければならない」――ピーター・バーンスタイン

一九七七年、ノースダコタ州グランドフォークスの人たちは、春の大雨で北部のレッド川が氾濫しないか心配していた。しかし、科学者たちが川の水位が一五メートルくらいになると予想していたため、住民は誤った安心感を持っていた。残念ながら、水位は予想を超えて一六メートル強に達したため、五万人が慌てて避難することになった。

このときの間違いは、科学者の予想ではなく、住民が予想が正確だと思っていたことだ。そうではなく、予想はあくまで予想で、実際の結果はある程度幅をもって考えるべきだっ

た。もしかすると、最高水位が一五メートルくらいになる可能性は五〇%、一六メートル強になる可能性は二〇%、一八メートル以上になる可能性は一〇%などとしたほうがより正確だったのかもしれない。このようにしてあらゆる可能性を考慮していれば、住民はもう少し財産を守る行動が取れただろう。[1]

予想にはかなりの幅があることを分かったうえで、それを役立てるには有用である。そして、これは川の予想水位でも、投資計画を作るときの予想リターンでも言える。投資家は、予想リターンをかなり幅のあるものではなく、もう決まった数字として見るという間違いをよく犯す。グランドフォークスの洪水が示すように、いろんな予想を考慮しておけば、惨事を避けることができたかもしれない。もう一つ例を見てみよう。

一九二六～一九七二年のS&P五〇〇は、名目リターンが年率九・九%で、実質リターンは八%だった。一九七三年に引退する六五歳の投資家が、この経験に基づいて将来のリターンも年率八%として老後資金を計画したとする。彼は一〇〇万ドルのポートフォリオから毎年、インフレを考慮して控えめに七%を引き出す計画を立てた。一九七三年当時、六五歳男性の平均余命は一三年だった（二〇二〇年には一八年になっている）。この男性は、引き出す金額を控えめにして、平均余命を超える場合も届かない場合もあることを理解したうえで、世紀の終わりまでの二七年間、十分生活できる計画を立てた。

ここで、この男性に水晶玉を渡して、一九九九年までのＳ＆Ｐ五〇〇の実質リターンを見せてあげた。つまり、彼は次の二七年（一九七三〜一九九九年）でＳ＆Ｐ五〇〇のリターンが年率一三・九％、インフレは年率五・二％、実質リターンは八・七％になることを知った。彼は毎年、この八・七％よりも低い七％しか引き出さないという自分の計画にますます自信を深めた。実際はどうなったのだろうか。

順序リスクの脅威

図表16―1を見れば分かるとおり、Ｓ＆Ｐ五〇〇は一九七三年一月〜一九七四年一二月の期間に三七％以上下落した。つまり、次の二七年間の実質リターンが年率八・七％であっても、毎年七％をインフレ調整して引き出していくと、ポートフォリオはわずか一〇年後の一九八二年に枯渇してしまう。ちなみに、一九七三年一月〜一九七四年一〇月の弱気相場が終わったとき、Ｓ＆Ｐ五〇〇は四八％下落していた。
一つの教訓として、資産を引き出していく段階では、リターンの順番がかなり重要だと

図表16-1

	ポートフォリオ開始時	S&P500のリターン（%）	ポートフォリオ終了時	インフレ率（CPI）	翌年補填すべき金額
1973	930,000	−14.7	793,000	8.8	76,160
1974	716,840	−26.5	526,877	12.2	85,451
1975	441,426	37.2	605,637	7.0	91,432
1976	514,205	23.8	636,585	4.8	95,821
1977	540,764	−7.2	501,830	6.8	102,337
1978	399,493	6.6	425,859	9.0	111,547
1979	314,312	18.4	372,146	13.3	126,383
1980	245,763	32.4	325,390	12.4	142,054
1981	183,336	−4.9	174,352	8.9	154,697
1982	19,655	21.4	23,861	3.9	160,730

いうことが分かる。計画的に引き出すことは、ドルコスト法の逆になるため、市場の下落が大きく影響する。それによって元本が減り、ポートフォリオが回復できなくなるかもしれない。この場合、弱気相場と比較的高いインフレ率によってポートフォリオは最初の二年でほぼ五六％縮小した。この状況でポートフォリオを元の一〇〇万ドルレベルまで回復させるためには、一九七五年のS&P五〇〇のリターンが一二七％になる必要がある。また、インフレによって引き出す金額は七万ドルから九万ドル以上に増える。このようなケースでは、貯金を増やしたり、引退を遅らせたり、予定支出額を減らすなどして計画を変更しないと、死ぬ前に老後資金を使い果たす可能性

が高まる。

一九七五年以降、アメリカの市場は五回の「暴落」に見舞われた――一九八七年九月～一一月（マイナス二九・五％）、二〇〇〇年四月～二〇〇二年九月（マイナス四三・八％）、二〇〇七年一一月～二〇〇九年二月（マイナス五一・〇％）、二〇二〇年一月～三月（マイナス一九・六％）、二〇二二年一月～九月（マイナス二三・九％）。順番のリスクを老後の資金計画に組み込んでおく必要があるのがよく分かる。

この男性は、グランドフォークスの住民と同じ間違いを犯した。どちらも予想値を決定した結果のようにとらえ、起こり得る結果には幅があることを考慮していなかった。

ほかにも、この投資家はそれまで経験してきたトータルリターンと、資金を引き出していく場合では状況が変わることも考えていなかった。言い換えれば、後者では全期間のリターンだけでなく、リターンの順番も大事だということである。

私たちの水晶玉は雲っていることが分かっているため、ポートフォリオのリターンを予想することしかできないが、その予想をもう決まったリターンとしてとらえてはならない。それよりも、リターンを幅のあるものとしてとらえ、金銭的な目標を達成するための成功確率を推定してほしい。この目標は通常（絶対ではない）、自分が受け入れられるライフスタイルを達成し、維持することであり、それは生きている間に資金が足りなくならないこととも定義できる。言い換えれば、目標はできるだけたくさん貯めて引退することではなく、金欠状態で引退生活をしている間に資金が尽きるリスクを回避することなのである。

リターンを可能な範囲で考える場合に役に立つのがモンテカルロシミュレーションである。これはランダムな過程を組み込んだコンピューターシミュレーションで、投資戦略で起こるさまざまな結果の確率を見ることができる。コンピュータープログラムが生成するランダムなループ（たいていは一〇〇〇～数千回）によって、どの程度の確率で目標を達成できるのかを見ることができる。また、数千回も反復すれば、いやでも一つの予想ではなく、さまざまなことを考慮できるようになる。

簡単に言えば、あなたの投資人生は仕事をして貢献する貯蓄段階と、引退してから死ぬまでの消費段階に分かれる。モンテカルロシミュレーションでは、最初に投資の想定（期待リターン、標準偏差、相関関係）、投資口座に将来追加する資金、希望する年間支出額、口座を存続させたい年数などを入力する。実行すると、さまざまな結果が確率とともに示される。目標年齢（最低でも平均余命にする）における最終資産の一例を挙げておこう。

●九〇歳で資産が一〇〇万ドルを超えている確率は五〇％
●九〇歳で資産が〇ドルの確率は二〇％

引退資金の場合、損失のコストは非常に大きいため、ほとんどの投資家は下方リスク（「洪水」が起こった場合のコスト）である資金が尽きるリスクに注力する。しかし、リターンを予想するときには二つの不確実性に直面することになる。①これまで見てきたとおり、将来のリターンが期待リターンに近くなったとしても、年ごとのリターンは劇的に違うかもしれない。引退後すぐに低リターンやマイナスリターンになり、そこからさらに資金を引き出すと、目標額の達成に壊滅的な影響があるかもしれない。②対象期間の実現リターンは、期待リターンよりも低いかもしれない。モンテカルロシミュレーションには、毎年のリターンをポートフォリオの期待平均リターンと期待ボラティリティから選択することで、このような不確実性も組み込まれている。

最終的な目標は、成功――ポートフォリオから毎年十分な資金を引き出しつつ、目標額を達成する――の予想確率が納得できる計画を立てることである。目標は、望むライフスタイルを維持しつつ、生きている間に資金が尽きないようにすることかもしれないし、相続人にある程度の資産を残すことかもしれない。成功確率や最終的な資産額に対する考えは、投資家ごとに違う。成功確率八〇%ならば十分だと思う人もいれば、九五%はないと夜眠れないという人もいるだろう。柔軟に対応できる人（例えば、引退を遅らせてもう少し働くことができる、ライフスタイルについて少し妥協できる、別荘など売却できる財産があるなど）ならば、そうでない人に比べて低めの成功確率を受け入れられるのかもしれない。

ただ、望むライフスタイルと成功確率はトレードオフの関係にあることも多いため、モンテカルロシミュレーションの結果には重要なメリットがある。シミュレーションによって、感情をはさまずにさまざまな戦略のメリットとデメリットを検証できるからだ。例えば、結果を検証したことで、目標額を達成するために必要以上のリスクをとっていることに気づくかもしれない。この場合はリスクの高い資産の配分を減らせばよいだけなので、容易に対処できる。難しいのは、リスクのとり方が足りなくて許容できる成功確率になっていない場合だ。このときの判断は難しい。例えば、望む以上のリスクをとるか、目標額を下げるか、現在の生活水準を下げてより多く貯金するか、予想される失敗リスクを抱えて生活していくかを決めなければならない。

モンテカルロシミュレーションの重要なメリットは、入力値のわずかな変更が最終目標の達成率にどれほど大きな影響を及ぼすか分析できることにある。例えば、ある値を入力すると成功確率は八〇％になったとする。そこで、試しに毎月の貯蓄をXドル増やすとその確率がどう変わるか知ることもできる。もしそれによって成功確率が八五％に上がれば、あなたは現在の支出をXドル減らすことを選ぶかもしれない。しかし、もし成功確率が八一％になるだけならば、別の結論になるかもしれない。

シミュレーション結果は、資産配分の変化が成功確率にどう影響するかも分析できる。もし株式の配分を七〇％から八〇％に増やすと成功確率が八〇％から九〇％に変わるのならば、もう少しリスクをとって株の配分と胃が痛くなる時間を増やすことを選択するかもしれない。あるいは、成功確率が八一％になるだけなら、別の判断になるかもしれない。

ほかにも、引き出す割合を変えて（将来のライフスタイルに影響がある）分析することもできる。例えば、もし四％ずつ引き出していくと成功確率は九五％で、五％ずつ引き出すと九〇％ならば、成功確率が多少下がっても引き出す割合を高めて支出できる金額を増やすことを選択するかもしれない。ただし、もしその判断後にリスクが現実になると、将来の生活水準がさらに下がることにも備えておかなければならない。

シミュレーションプログラムはほかにも使える。例えば、引退をX年遅らせたら貯蓄すべき額や引出率や株の配分にどのような影響を及ぼすかなどを分析することができる。また、早期に引退する場合についても分析できる。そうすれば、より豊かなライフスタイルのために、あと一年働く価値があるかどうか判断できる。あるいは、一年間余計に働くことでリスクのとり方にどのように影響するかも知ることができる。例えば、仕事を一年延長するごとに年間の貯蓄額をXドルずつ減らしたり、引出額をY％増やしたり、Z％の株の配分を減らしたりできるかもしれない。

モンテカルロシミュレーションを行うためのソフトウェアはたくさんある。ここまで読んで分かるとおり、シミュレーションの過程は複雑だが、極めて価値があるツールでもある。このようなモデルを使った経験がある優れたファイナンシャルアドバイザーならば、シミュレーションを行うときに大きな付加価値を与えてくれる。

教訓

ニューヨーク・ヤンキースの偉大な監督で、多くの金言を残したケーシー・ステンゲルが言っているとおり、「予想は非常に難しい。特に将来のことについては」。将来に関しては、天気でも株式市場のリターンでも、私たちの水晶玉は常に曇っていることを肝に銘じておいてほしい。アラン・グリーンスパンが記しているように、最善策は「できるかぎりいろんなことを学び、すべてのデータを集め、すべての数字を分析してから予想や予測をする。ただ、そういうことをしても人がかかわっているようなことについては、将来を予想できる人はだれもいないということを受け入れ、理解しておかなければならない[2]」。

将来を正確に予想できなくても、予想したこと自体が無駄な努力とは言えない。ただ、私たちは予想の欠陥を受け入れ、それを頭に入れておかなければならない。そして、もう一つの重要な教訓は、可能性が非常に高くても、それをもう決まったこととして扱うという間違いを犯してはならないということだ。たとえ川の水位が一五メートル弱だろうという予想でも、株式市場の長期リターンが一〇%だという予想でも、必ずそうなるわけではない。

次は、資産のリスクを単独で見ないことの重要性について説明する。そうではなく、その資産を追加すると、ポートフォリオのリスクとリターンにどのような影響を及ぼすかを考慮するのが正しい見方である。

第17章　正しい見方は一つだけ

「ポートフォリオはポジションごとではなく、全体として見なければならない。そして、ポートフォリオ全体のボラティリティや不確実性を減らしたいのならば、複数の銘柄を保有するのはもちろんだが、それと一緒に上がったり下がったりしない銘柄を組み合わせる必要がある」――ハリー・マーコウィッツ

スティーブ・ナッシュはＮＢＡ（全米バスケットボール協会）で一八シーズンプレーした。彼はオールスターゲームに八回出場し、オールＮＢＡチームに七回選出された。また、フェニックス・サンズに所属していたときに二回、ＭＶＰ（最優秀選手）に選ばれた。そして、二〇〇六年にはＥＳＰＮ（スポーツ専門チャンネル）が彼を史上九位のポイントガ

ードに選んだ。しかし、彼の生涯成績を見ると、さまざまな意味で平凡だった（アシスト以外）。一試合当たりの得点は一四・三点、三リバウンド、八・五アシストだった。もちろん、彼よりもはるかに立派な成績を残し、もっと優れた選手だと思われている選手もたくさんいる。

しかし、ナッシュが素晴らしい称賛を受けているのは、彼のチームへの貢献が得点やリバウンドといった個人の成績を大きく超えていたからだ。彼の主な貢献は周りの選手を輝かせたことで、それによってナッシュはその時代の最高のポイントガードと称されていた。このナッシュの話は、チームにとっての選手の価値を、個人の成績のみで評価する間違いを避けることの重要性を示している。考えるべきは、その選手がチーム全体のパフォーマンスにどのように影響を及ぼすかなのである。

同じことは投資にも言える。多くの投資家が、ある資産クラスのリターンとリスクを単独で見ると言う間違いを犯し、プロのアドバイザーですら間違う人がいる。スティーブ・ナッシュの価値を評価する唯一の正しい方法が、チーム全体に及ぼした影響を見ることであるように、ある資産クラスの正しい評価方法も、それを加えることでポートフォリオ全体のリスクとリターンがどう影響を受けるかを考えることである。

現代ポートフォリオ理論

一九九〇年、ハリー・マーコウィッツは現代ポートフォリオ理論の研究でノーベル経済学賞を受賞した。彼は、リスクが高くても相関性が低い資産をポートフォリオに加えると、リスクを増やさないでリターンを上げることができる、あるいは、リターンを下げないでリスクを下げることができることを示した。バンガードのインデックスファンド（その分野で最大のインデックスファンド）を使った次の例で、投資全体について考えることの重要性を見ていこう。

一九九八年〜二〇二二年に、バンガード五〇〇インデックスファンド（VFINX、対象はS&P五〇〇）のリターンは年率七・五三%で、同社のエマージング・マーケット・インデックス・ファンド（VEIEX、対象は新興市場）の六・一四%をアウトパフォームした。しかも、前者はボラティリティが一五・七%で、後者の二二・六%よりも低かった。そのため、前者のほうがリスク調整後リターンを示すシャープレシオも〇・四三と、後者の〇・三〇よりも高かった。あなたはこのデータを見て、新興市場にも多少は配分しようと思っただろうか。

リターンは低く、ボラティリティは高いVEIEXだが、ポートフォリオの九〇％をVFINX、一〇％をVEIEXにして毎年リバランスすると、リターンは七・五九％に上がり、しかもシャープレシオは〇・四三のままだった。そして驚くことに、VEIEXを二〇％にすると、リターンはさらに改善して七・六一％になり、シャープレシオは〇・四三のままだった。ちなみに、VEIEXを三〇％にしてもリターンは七・五九％で、VFINXのみの場合よりも高かった（ただし、シャープレシオは〇・四二で〇・四三より若干下がった）。つまり、リターンが低くてボラティリティも高い新興市場のファンドをポートフォリオに多少配分すると、S&P五〇〇とMSCIイマージング・マーケット・インデックスの完全ではないリターンの相関性（〇・七七）の恩恵を受けることができた。

教訓

ジョン・ラスキンは、作家、詩人、画家、そして最も有名なのが美術と社会に関する評論である。彼の美術と建築に関する随筆は、ビクトリア朝とエドワード朝の時代に影響を及ぼした。彼は、「物事を正しく行う方法は一つではないが、物事を正しく見る方法は一つしかない。それは全体を見るということだ」[1]と書いている。ラスキンの助言は投資にも応用できる。ポートフォリオを構築する正しい方法は一つだけで、それは資産のリスクとリターンを個別に見ても意味がない。唯一大事なことは、ある資産クラスを追加することで全体のリスクとリターンがどう影響を受けるかなのである。

S&Pのアクティブ対パッシブリポート（SPIVA）からも分かるように、アクティブマネジャーは非効率性を利用しようとして失敗を重ねている。これは、市場が完全ではなくてもかなり効率的だということを示している。そして、市場が効率的ならば、リスクが高い資産はリスク調整後のリターンが非常に似ているということを覚えておいてほしい。多くの投資家がホームカントリーバイアス（自国偏重）によって自国以外の株式を過小評価しているが、そうではなく、世界的に幅広く分散することを勧めたい。まずは、各国の市場の時価総額に投資してみるとよいだろう。

次は、可能性が低いことをできないとは考えないことと、ほぼ確実に起こるブラックスワン的出来事のリスクと対応策を投資計画に含めておくことの重要性を説明する。

第18章　ブラックスワンとファットテール

「ベルカーブに基づく不確実性の基準は、急変の可能性とその影響を単純に無視している。……このような基準を使うのは、地面の草ばかりに注目して、巨大な木を見逃しているようなものだ。予想できない大きな逸脱はまれにしか起こらないが、それが重なれば劇的な影響を及ぼすため、外れ値として切り捨てることはできない。」――ナシーム・タレブ（『ブラック・スワン』［ダイヤモンド社］）

二一世紀の最初の二〇年に、株式市場は三回の「ブラックスワン」に見舞われた。二〇〇一年九月一一日の同時多発テロ事件、二〇〇七年末のリーマンショック、二〇二〇年の新型コロナウイルス感染症である。これらの出来事で株価は暴落した。ブラックスワン（黒い白鳥）という言葉は、一六世紀のロンドンで起こらないことという意味でよく使われていた。これは「旧世界」では過去の記録にすべて白鳥は白い羽の鳥だと報告されていたからで、すべての白鳥は白くなければならないという想定に基づいている。つまり、ブラックスワンは不可能か、ほぼ不可能か、存在しないということだった。しかし、一六九七年にウィレム・デ・フラミング率いるオランダの遠征隊がオーストラリア西部のスワン川で黒い白鳥を見つけると、ブラックスワンという言葉は、あり得ないと思われていたものの存在がのちに明らかになるかもしれないという意味で使われるようになった。

二〇〇一年にナシーム・タレブの『まぐれ』（ダイヤモンド社）が発行されると、ブラックスワンという言葉は投資用語の一つになった（実質的にファットテールと同義）。投資の世界でファットテールは平均から離れた大きい値や小さい値の頻度が正規分布よりも高い分布を指す[1]。正規分布では、テール（右端や左端）の頻度は低くなっていき、いずれゼロになる。しかし、過去の株のリターンを調べると、平均から離れた低い値や高い値の頻度は理論的な期待値よりもはるかに高くなっている。つまり、ファットテールのリスクを理解することが、投資計画の適切な資産配分を決めるときに非常に重要になる。しかし、残念ながら多くの投資家がファットテールのリスクを考えもしていない。では、ファットテールの存在を示す証拠を見ていこう。

ハビエル・エストラーダが二〇〇七年に発表した論文「ブラックスワン・アンド・マーケット・タイミング（Black Swans and Market Timing : How Not to Generate Alpha）」は、一五の株式市場と一六万を超える日々のリターンを検証している。[2] 彼は、投資家が市場で仕掛けと手仕舞いを行う最適な日を予想できる確率を調べ、次のような結果を得た。

一．株のリターンは正規分布になっていない

ブラックスワンは、正規分布による予想よりもはるかに多く現れる。例えば、ダウ平均の二万九一九〇日（一〇七年）のデータで見ると、一日の平均リターンは〇・〇二％、標準偏差は一・〇七％だった。正規分布に従うと、三九日はリターンが三・二二％を超え、三九日はマイナス三・一七％を下回る。しかし、その範囲を超えたリターンは期待値の六倍もあり、マイナス三・一七％を下回った日が二五三日、三・二二％を超えた日が二〇八日あった。ちなみに、一日の最高リターンと最低リターンはプラス一五・三四％とマイナス二二・六一％だった。このリターンはネガティブスキュー（分布の左裾のほうが大きい）と過剰な尖度（ファットテール）を示しており、正規分布から明らかに逸脱していた。

二．裾が厚い

一日の平均リターンは〇・〇二％だったが、リターンが最も高かった一〇日、二〇日、一〇〇日の平均はそれぞれ一一・一〇％、九・三七％、五・九二％で、平均からそれぞれ一〇・四、八・八、五・五標準偏差上回っていた。一方、リターンが最も低かった一〇日、二〇日、一〇〇日の平均はそれぞれマイナス一〇・四六％、マイナス八・七三％、マイナス五・八七％で、平均からそれぞれ九・八、八・二、五・五標準偏差下回っていた。また、一日のリターン上位一〇〇の一〇〇番目（四・二〇％）でも平均を三・九標準偏差上回っており、正規分布ならばこのようなことが起こる期待値は二回未満のはずなのに、実際には一〇〇回起こっていた。同様に、一日のリターン下位一〇〇で一〇〇番目（マイナス四・二八％）は平均から四標準偏差下回っていた。このようなことが起こる期待値は一回未満のはずなのに、実際には一〇〇回起こっていた。

三．最高の日と最悪の日を見逃す影響

一〇日間は全期間の〇・〇三％に相当するが、リターンが最高の一〇日、二〇日、一〇〇日を逃すと、最終的な資産はそれぞれ六五％、八三％、九九・七％減少し、当初の投資

額を下回る。しかし、最低の一〇日、二〇日、一〇〇日を避けることができれば、最終的な資産はそれぞれ二〇六％、五三二％、四三三九七％増加する。著者は、「これらの数字は、投資家がマーケットタイミングを計っても、成功するのがいかに難しいことか気づく助けになる。ほんのわずかな日数で、資産は大幅に増えたり減ったりする。それを狙ってマーケットタイミングで成功する確率は、驚くほど低い[3]」と結論付けている。

四．外国の市場でも結果は同じ

調査した一五の国すべてにおいて、リターンは正規分布から明らかに乖離していた。調査は二〇〇六年まで行われ、各国の年数は次のようになっている――オーストラリア四九年、カナダ三一年、フランス三八年、ドイツ四七年、香港三七年、イタリア三四年、日本五二年、ニュージーランド三七年、シンガポール四一年、スペイン三五年、スイス三八年、台湾四〇年、タイ三一年、イギリス三八年、アメリカ七九年。すべての国で、外れ値は期待値の五倍以上だった。つまり、リターンの正規分布を想定している投資家は、リスクを大幅に過小評価していることになる。興味深いのはオーストラリアで、唯一、最高の一〇日（一％未満）を逃すと最終資産が最初の投資額を下回った。

エストラーダの調査結果は、新しい情報ではない。シカゴ大学のユージン・ファーマ教授は、一九六四年に博士論文で市場のリターンは正規分布になっていないことを示した[4]。そして、ナシーム・タレブは二〇〇一年に発行した『まぐれ』で、彼が言うところのブラックスワンの問題について論じた。そして、二〇〇七年に発行された二冊目の著書『ブラック・スワン』で、ブラックスワンとは次の三つの特徴を持つ出来事だとしている。

①異常な値で、過去の出来事からその可能性を説得力をもって指摘することができないため、通常の予測範囲の外側にある、②極めて大きな影響力がある、③異常な出来事にもかかわらず、起こってしまうと人はそれにもっともらしい説明を考え出して、説明可能かつ予測可能な出来事にしてしまう――この三つの特徴をまとめると、希少性、極度の影響力、事前ではなく事後の予測可能性となる。私たちの世界は、思想や宗教の隆盛、歴史的な出来事の力学から、私たちの個人的な生活の構成要素まで、少数のブラックスワンによって説明できる[5]。

ファットテールの存在がよく知られていることを考えると、それが起こっても投資家は驚かないはずだ。それでも、私たちが二〇〇七年一一月～二〇〇九年三月九日に経験した弱気相場の深さと幅は多くの投資家にショックを与えたし、新型コロナウイルス感染症がもたらした史上最大の暴落（ＭＳＣＩ指数は二月一九日～三月二三日に三四％下落した）もそうだった。

教訓

造船業者は、海がほとんどの日は比較的安全だと知っているが、台風やハリケーンが起こる日があることも知っている。そのため、彼らは気候が穏やかな九五％の航海日のためだけではなく、嵐が吹き荒れるような、彼らの技術力が試される残りの五％の日を考慮して船を設計している。

ファットテールが存在しても、パッシブに買って保有してリバランスするという賢い戦略を変更する必要はない。その一方で、アクティブマネジャーは、ファットテールから投資家を守る能力を示せていない。ファットテールがポートフォリオに及ぼす影響を考えると、その存在は極めて重要である。ブラックスワンのリスクと、それがポートフォリオに及ぼす影響、特に資金を引き出す段階にある人たちにとっては、資産配分を決めるときに必ず考える必要がある。そのことを念頭に置いて次のように勧めたい。

●投資計画は必ずファットテールの存在を考えて立てる。
●自分の能力と意欲と必要量を超えるリスクをとらない。
●可能性が低いことをないとは考えず、可能性が高いことを確実だと考えてはならない。

第19章　金は安全資産なのか

金（ゴールド）は昔から、価値を保管する手段であり、交換の単位であり、装飾品としても使われてきた。最近では多くの投資家が、金について通貨リスクやインフレに対するヘッジや、深刻な不況のときの安全な避難先になるなど、資産配分において潜在的な役割を果たすもので、投資資産として扱うべきだと考えている。そこで、このような考えを裏付ける証拠を探してみよう。

クロード・アーブとキャンベル・ハービーは、二〇一二年六月の論文「ザ・ゴールデン・ジレンマ（The Golden Dilemma）」で、金が通貨のヘッジになるかという点において、金の価格変動は通貨の価値の変動とはほぼ無関係だったとしている。つまり、金は通貨リスクの有効なヘッジにはならないのだ。[1] 金が資産の安全な避難先として、株が弱気相場のときでも安定しているのかについては、一部の人たちが考えているほど安全な資産ではなかった。株の月間リターンのうち、その一七％の期間では、株と金の両方が下げていたからだ。もし金が本当に安全資産として機能するならば、このような観測はほとんどか、まったくないはずだ。それでも、全期間の八三％が正しければ、それは悪い記録ではない。そのうえで言えば、金の価格は二〇〇七～二〇〇九年のリーマンショックの最悪の時期、つまりヘッジが最も必要だった時期に三〇％以上下落したため、安全な避難先という仮説も色あせて見える。また、二〇二二年に株と債券が二桁下落したとき、金は株や債券よりも若干アウトパフォームしたが、本当のヘッジにはならなかった。具体的には、二〇二一年の金の終値が一八二九ドルで、二〇二二年の終値は一八二四ドルだった。

金にインフレヘッジとしての価値があるという意見については、次の例で答えが分かる。一九八〇年一月二一日、金の価格は当時の史上最高値である八五〇ドルに達した。しかし、二〇〇二年三月一九日、金は二九三ドルでトレードされていた。つまり、二〇年前の価格をはるかに下回っていた。ちなみに、一九八〇～二〇〇一年のインフレ率は三・九％だった。つまり、金の実質購買力は、マイナス八五％に達していた。二二年で八五％も下がった金は、この期間に投資した人にとってはまったくインフレヘッジにはならなかった。もっと長い期間も見てみよう。二〇二三年七月、金の価格は二〇〇〇ドルを下回っている。

史上最高値を付けた一九八〇年二月の価格をインフレ調整後の実質価値に換算してみると二五三三ドルになるが、これでは二〇％の価値を失っていることが分かる。四二年後の金は、実質的な価値を大きく失っていたのである。

この分析によって、アーブとハービーは金の名目価格とインフレの相関性は低くても、一〇年以上という期間で見れば、金は長期的に価値を保つと結論付けた。例えば、彼らが二〇一九年に更新した「ザ・ゴールデン・コンスタント（The Golden Constant）」では、過去の証拠として古代ローマの一〇〇人隊長の賃金を金で支払った場合、今日のアメリカ陸軍の大尉の給与とほぼ同じだったとしている。また、何千年も前にパン代を金で支払った場合、今日私たちが高給パン屋で支払うのとほぼ同じだったことも分かっている。[2]

金がインフレに対して良いヘッジにはならないさらなる証拠として、ゴールドマン・サックスの二〇一三年のインベストメントアウトルックに次のようなことが書かれている。「第二次世界大戦後、インフレが予想外に上昇した時期の六〇％の期間で金はインフレ率をアンダーパフォームした。[3] つまり、金は非常に長い期間（例えば、一〇〇年）で見るとインフレのヘッジとして有効だが、一〇〇年のような期間はほとんどの投資家にとっては長すぎる」

安全な避難先

ピム・バン・ブレットとハラルド・ローリは二〇二三年に発表した論文「ザ・ゴールデン・ルール・オブ・インベスティング（The Golden Rule of Investing）」で、投資ポートフォリオにおける金の戦略的役割を、債券や株式と比較した金の下落リスク削減効果に注目して検証した。[4]また、彼らは長期のインフレを考慮した分析を行い、金が実際にトレード可能になった一九七五年から二〇二二年までについて調べている。彼らの調査結果をまとめておく。

●株と金がどちらも下落したのは、一カ月のうち一七％だった。一方、株は下げて金が上がったのは一九％だった。つまり、株が下げているときに金が下がる確率は約五〇％なので、月ごとで見た場合に金が完璧な避難先とは言えない。

●三年間で見ると、金は株が下げている期間の約四分の三は安全な避難先だったが、ここでも完璧な安全資産とは言えない。そのうえ、限定的な保護でも明らかにコストがかかる。金は株が上昇している期間の半分は下落していたからだ。

次に、バン・ブレットとローリは、金が下方リスクを下げる効果を検証し、次のような結果を得た。

●株（USトータル・マーケット）と債券（一〇年物国債）と金の実質リターンは、それぞれ八・〇％、三・三％、一・五％だった。
●金単体のリスクは高い。金の下方ボラティリティは一一・三％なのに対して、株は七・九％、債券は五・三％だった。
●ソルティノレシオ（下方リスクのみを調整したリターン）は、株が一・〇一、債券が〇・六二に対して金はわずか〇・一三だった。
●一年間の損失確率で見ると、金（四九％）は、株（二四・九％）や債券（三四・六％）よりもリスクが高かった。特に、債券は株よりも確率が高かったが、それでも金よりは低かった。
●一年間の期待損失から判断すると、金（マイナス六・一％）は、株（マイナス三・一％）や債券（マイナス二・五％）よりもリスクが高かった。
●一年間の最低リターンで見ても、金（マイナス四六・一％）は、株（マイナス四二・二

％）や債券（マイナス二五・三％）よりもリスクが高かった。

バン・ブレットとローリはさらに、伝統的な株と債券のポートフォリオ（毎年リバランスする）に金の配分を増やしていっても、実質的なメリットはほとんどなかったとしている。例えば、金を少なく配分すると（五～一〇％）、下方ボラティリティが若干下がり（三・九％から三・七％になった）、ソルティノレシオは若干改善し（一・五六％から一・六一％になった）、損失確率（二六・六％から二二・四％）と予想損失（一・六％から一・三％になった）も下がり、実質リターンも六・一％から五・九％に下がった。二人は、金の配分が一〇％を超えると、実質リターンはさらに下がり、下方リスクも上がる傾向があるとしている。

これらの結果から、二人は次のように結論付けている。「私たちの実証的研究によると、控えめ（五～一〇％）に金に配分することで、ポートフォリオの損失確率や期待損失や下方ボラティリティを下げることはできる。ただ、金に投資して下方リスクをヘッジすると、リターンの低下というコストがかかる」

教訓

　投資家が金に魅力を感じるのは、インフレや通貨リスクのヘッジになったり、不況のときの安全な避難先になると考えているからだ。ただ、前述の研究結果を見れば、投資家は慎重になる必要がある。まず、金はかなり長期的に見ればインフレをヘッジしてくれるかもしれないが、それは一〇年や二〇年ではない。そして、金が通貨リスクのヘッジになるという証拠はない。また、安全資産かどうか考えると、金はボラティリティが高く、適正価格を大きくアウトパフォームしたり、アンダーパフォームする可能性が高い。金の短期的なボラティリティの証拠を挙げると、二〇〇六～二〇二二年の一七年間で、iシェアーズ・ゴールド・トラスト・ETF（IAU）の年間標準偏差は一七・二％だった。これは、バンガード五〇〇インデックス・インベスター・ファンド（VFINX）の一五・六％を上回っている。そのうえ、最大ドローダウンは約四三％に達した。安全資産ならばこれほど大きな損失は出さない。

　次は、堅実な投資の定義について考えてみよう。

第20章　高等生命体の懸念

「世界中のすべての軍隊よりも強いものが一つだけある。それは時宜にかなったアイデアである」――ビクトル・ユーゴー

地球から遠く離れた星に住む高等生命体が、地球に電波を飛ばして社会の発展を観察していた。彼らは、地球の文明が過去一〇〇〇年で進歩したことは認めつつも、アメリカから発信される特定の通信に関心を持つようになった。なかでも、投資のプロパガンダに関する通信で、賢い投資とは銘柄を選んでマーケットタイミングを計りながら、トレードすることだという人気の理論に注目していた。彼らは、地球の投資家がなぜこのようなバカげた理論を信じるのか不思議に思った。彼らは経験上、このような戦略で利益を得るのは、

この理論の提唱者たち（ブローカー、投資銀行、投資信託、ヘッジファンドマネジャー）だけだと知っていたからだ。彼らは、アメリカの投資家がいずれこの投資理論の間違いに気づき、放棄するだろうと思っていた。

ところが、アメリカの投資家たちはこの戦略を続け、たいていはひどい結果に見舞われていたため、高等生命体はアメリカを訪れて、このおかしな投資文化を調べたいと思うようになった。彼らは、なぜ地球人が投資の作り話と事実を区別する能力がないのか知りたかった。

偵察隊はアメリカに降り立つと、ウォール街とＮＹＳＥ（ニューヨーク証券取引所）に行った。それからＣＮＢＣを見て、最も恐れていたことを確認した。それでもただ一人、希望を捨てていない生命体がいた。彼女は偵察隊のメンバーに対し、希望を捨てる前に投資戦略について法律がどう定めているかを調べるべきだと訴えた。これは、地球人（少なくとも、誇大広告をうのみにせずに時間を割いて証拠を調べた人たち）の投資に関する考えを知る良い機会になる。彼女は、故郷の銀河に戻る前に、ニューヨーク公立図書館に行こうと偵察隊を説得した。

彼らは閉館後の図書館に行き、法令資料を調べた。すると、アメリカ法典のなかに「賢明な投資家のルール」という原則が組み込まれていることを発見した。また、第三次信託法リステイトメントという文章も見つけた。後者は一九九二年にＡＬＩ（米国法律協会）が作成したもので、アクティブ運用が一貫性のない低い成績をもたらすと明記してあった。特に、ＡＬＩが市場の効率性について次のように書いていることに、生命体たちは喜んだ。

●アメリカの主要な資本市場は、情報がすぐに浸透して市場価格に反映されるという意味で非常に効率的だということを示す経済的な証拠がある。

●受託者やそれ以外の投資家が「市場を打ち負かす」ために専門性や調査や勤勉さを駆使しても、普通はほとんどか、まったく報われないし、調査費用や取引コストを差し引くとむしろマイナスになることを示す強力な証拠がある。

●効率的市場仮説を裏付ける実証研究によって、そのような市場ではスキルの高いプロでも過小評価されている銘柄を定期的に見つけるのは非常にまれであることが明らかになっている。

●ファンドマネジャーの過去の成功とそのあとの期間に市場を上回るリターンを上げる能力にはほとんど相関性がないことを示す証拠がある。

偵察隊は、ユニフォーム・プルーデント・インベスター・アクトという法律も見つけた。これは、受託者の投資活動を規定するもので、ほとんどの州で法律化されている。彼らは、この法律が実質的にパッシブ投資を受託者の判断基準とするものであることを知った。また、この法律には賢い資産運用の二つの重要な原則が組み込まれていることを喜んだ。一つ目は、リスク管理の基本である幅広く分散することが、賢明な投資の定義に組み込まれていること、二つ目は、コスト管理が賢明な投資に欠かせない部分であることだった。

また、彼らはこの法律が賢明な投資家だけでなく、受託者にも責任を委任する権限を与えていることを知った。つまり、賢くポートフォリオを管理するための知識やスキルや時間や関心がない受託者や投資家は、それができるアドバイザーに委任することができる。

彼らはさらに、ミネソタ大学カールトン経営大学院のマイケル・G・シャーによる次の分析も興味深く読んだ。

倫理上の不正行為は、投資マネジャーが何かを意図的に行うか、それを隠匿したとき（酔っているのを自覚しながら運転したようなとき）に起こる。例えば、顧客が選択したリスクよりも大きいリスクをとったことを顧客に伝えずに、期待以上のリターンを得たとき……マネジャーが大きなリスクを受け入れたからだと言わずに、超過リターンを自分の優れた投資スキルによるものだとするようなことである。「倫理上の不正行為」は、投資マネジャーが何かをうっかり行ったときにも起こる（例えば、酔っていても自分は十分に運転できる状態だと心から思っている）……つまり、マネジャーは自分が何をしたか分かっていないので、そういう人は資金運用をすべきではない。

シャーは、「効率的市場でパッシブ運用以外で投資するのは、倫理的な不正行為だ」と結論付けた。そしてさらに、「市場が効率的だと知らないのは、投資の不正行為」だともしている。いずれにしても、彼は「このような行為は、そもそも軽率だ（飲酒運転に言い訳はない）[1]」と考えている。つまり、彼はパッシブ投資のほうがより倫理的に正しい投資だと言っている。

これらの資料を読んで、偵察隊はほとんどの投資家が堅実な投資方法を容易に行えることを知り、かすかな希望があると安堵した。彼らは、人気があっても欠陥があるアクティブ運用の投資戦略を地球の投資家が受け入れる必要はないことを確認してニューヨークをあとにした。また、投資家が少なくとも堅実な投資方法であるパッシブな資産クラスへの投資という選択肢があることを頼もしく思った。しかし、自分たちが何千年も前から知っていることを、地球の多くの投資家がこれほど長い間知らなかったことは残念に思った。それに、マンハッタンの南端にあるマリーナに停泊しているヨットのほとんどがブローカーのものであることも気の毒に思った。ヨットは投資家のものであるべきだ。

教訓

すべての投資家が、賢い投資戦略を実行することができる。そのためには、ただ公立図書館に行くだけでよい。

次の第3部では、投資家の行動における重要な間違いについて説明する。まずは、投資家が自分のスキルとパフォーマンスについて自らを欺くことが、永続的で高くつく投資の間違いにつながるケースを見ていこう。

第3部　行動ファイナンス

——敵に会った、それは自分だった

第21章 「おまえはまだ真実を受け止められない」

「おまえはまだ真実を受け止められない」は、映画「ア・フュー・グッド・メン」でジャック・ニコルソンがトム・クルーズに叫んだ有名なセリフである。行動ファイナンスの研究によって、投資家も真実を受け止めることができないで、自分のスキルやパフォーマンスについて自らを欺いていることが分かっている。しかし、自分を欺いていると、永遠に高くつく投資の間違いにつながる。次のケースについて考えてみてほしい。

一九六五年、ある調査で五〇人に前回運転したときの自分の運転スキルと能力について質問した。すると、約三分の二が少なくとも普段どおりうまくできたと答え、そのなかの多くが「極めて良かった」と答えた。二人の心理学者が行ったこの調査で特に興味深いのは、回答したすべての人が、最後に運転したあと救急車で運ばれることになったことだ。警察の調書によると、運転者のほぼ七〇％が自らの過失で衝突事故を起こしたことがあり、ほぼ六〇％は交通違反を二回以上したことがあり、それとほぼ同数の人が車を全壊させたことがあり、ほぼ五〇％が刑事罰を受けていた。

このデータの調査対象が事故を起こした人たちということを考えると、おかしく思えるかもしれない。しかし、自信過剰はあまりにも人間らしい特徴なのである。調査を行った二人は、無事故の人たちにも話を聞いており、九〇％以上が自分の運転は平均以上だと答えた。[1]

自信過剰

ニューヨーク・タイムズ紙は、ジョナサン・フューブリンガーがリチャード・セイラー教授とロバート・シラー教授の言葉を引用して、個人投資家やマネーマネジャーは、自分がほかの人たちより多くの優れた情報を持っているので、銘柄選択で高い利益を得ることができると確信していると指摘した。[2] この洞察は、個人投資家が次のことができると信じている理由を説明している。

●市場のリターンをアウトパフォームする株を選択できる。
●上げているときに良いタイミングで買い、下げているときに良いタイミングで売ることができる。
●ベンチマークに打ち勝つ数少ないアクティブマネジャーを見つけることができる。

個人投資家は、市場に打ち勝つのは難しいことだと思っていても、自分ならばできると信じている。著名な経済学者のピーター・バーンスタインは、次のように言っている。「アクティブ運用はとてつもなく難しい。知識を持った投資家がたくさんいて、情報はすごい速さで動いているからだ。市場に勝つのは難しい。たくさんの賢い人たちが同じことを目指しているからだ。だれも簡単だとは言わないが、可能かと聞かれればイエスと答える」[3]。このわずかな可能性が投資家の希望をつないでいる。自信過剰が投資家に、自分は一握りの成功者になれると思わせる。個人投資家に関するデータを見てみよう。

マネー誌が五〇〇人以上の個人投資家に対して行った調査によると、ほぼ三〇%の人が自分のポートフォリオは過去一二カ月にダウ平均をアウトパフォームしたと答えた。また、約三分の一が自分のポートフォリオは一三～二〇%上昇したと答え、別の三分の一は二一

〜二八％上昇したと答え、約四分の一は二九％以上の利益を上げたと答えた。そして、いくら稼いだか分からないと認めたのは四％だった。この期間のダウ平均の実際のリターンは四六％で、これは四分の三以上の投資家をアウトパフォームしている。[4] 同様の調査の証拠をもう一つ見てみよう。

「ポジティブ・イリュージョン・アンド・フォーキャスティング・エラー・イン・ミューチュアル・ファンド・インベストメント・ディシジョン（Positive Illusions and Forecasting Errors in Mutual Fund Investment Decisions）」という論文が、「アクティブファンドのほとんどがパッシブ運用のインデックスファンドにアウトパフォームされている事実があるのに、なぜ投資家は多くのお金と時間をかけてアクティブ運用の投資信託を探すのだろうか」という質問の答えを探っている。著者たちの結論は、投資家が自分を欺いているということだった。この調査では、ほとんどの回答者が継続的に自分の過去と将来のパフォーマンスを過大評価していた。自分が市場に打ち勝つと答えた三分の一強の人たちは、実際には市場を五％以上アンダーパフォームしていたし、四分の一以上は一五％以上アンダーパフォームしていた。そして、このようなバイアスが、間違った投資判断を導いている。[5]

次は、「ホワイ・インエクスペリエンスド・インベスター・ドゥ・ノット・ラーン（Why Inexperienced Investors Do Not Learn：They Do Not Know Their Past Portfolio Performance）」[6]という論文を見ていこう。著者のマーカス・グレーザーとマーティン・ウエバーは、個人投資家がオンラインブローカーで開設している口座の実際のパフォーマンスを分析した。結果は次のようになった。

●投資家は、自分のポートフォリオの過去のパフォーマンスを正しく見ることができていなかった。彼らが見たリターンと実現リターンの相関係数はほぼゼロだった。

●人々は自分を過大評価する。自分を平均だと評価したのはわずか三〇％だった。驚くべきことに、投資家は自分のパフォーマンスを年率一一・五％も過大評価していた。ポートフォリオのパフォーマンスは、リターンの予想と実現リターンの差が逆相関になっており、リターンが低いほど実現リターンの評価が間違っていた。投資家は自分のパフォーマンスがどれほど低かったのかを認めることができないようだ。マイナスリターンを経験したことがあるという人はわずか五％しかいなかったが、実際には二五％がそれを経験していた。

●平均して投資家はベンチマークをアンダーパフォームしている。ベンチマークの数字上の月平均リターンは二・〇％だったが、投資家の月平均リターンはわずか〇・五％で、七五％以上の投資家がベンチマークをアンダーパフォームしていた。

心理学者も、「自分で決めている感覚」を持っている投資家は、自分をより欺く傾向があることを発見した。アメリカの退職金制度を利用している投資家に関する研究では、投資信託を自分で選択するか、他人に選択してもらうかで群分けした場合、どちらの群も自分のパフォーマンスを欺いていたが、他人に委ねた群がリターンを過大評価したのは二％強だったのに対し、「自分で決めている」群のほうは過大評価が約九％に上った。[7]

可能だが確率は低い

投資家が市場をアウトパフォームすることはもちろん可能だ。しかし、ほとんどの人は市場リターンを受け入れるほうが得することを証拠は示している。少なくとも、投資家は市場をアウトパフォームする確率を知っておくべきだろう。例えば、S&Pダウ・ジョーンズ・インデックスSPIVA・US2022リポートによると、二〇二二年一二月までの二〇年超の期間において、大型株ファンドの九五%と、中型株と小型株ファンドの九四%が対象となるS&P指数のベンチマークをアンダーパフォームしていた。また、ベンチマークをアンダーパフォームしたのが九〇%未満だったのは、一八のカテゴリーのなかのわずか三つ（大型株、中型株、不動産）だけで、八六・五%未満だったカテゴリーは一つもなかった。

残念ながら、ほとんどの投資家が勝率について自分を欺いている。その理由の一つは、彼らがこのような事実を知らないからなのかもしれない。あるいは、自分の実績を把握していないからなのかもしれない。このような自己欺瞞が、投資家が見せる自信過剰という非常に人間らしい性質を説明する助けになる。多くの人が自分は平均以上だと思いたいため、投資家の現実と妄想の乖離は続いていく。

教訓

自分の投資リターンを正確に知り、それを適切なベンチマークと比較することは重要なことである。それをすることで、あなたの妄想が目標額を達成する能力を弱めていくのに歯止めをかけて、現実を直視することができるようになる。

次は、リスクをとる価値があるものとそうでないものを区別することの重要性について説明する。

第22章　リスクにはとる価値がないものもある

「満足は貧しい人の人生を豊かにし、不満は豊かな人の人生を貧しくする」――ベンジャミン・フランクリン

ローレンス・ゴンザレスは、名著『ディープ・サバイバル（Deep Survival）』のなかで、次のような状況について書いている。八人の捜索隊がスノーモービルを使った捜索と救助の任務を終えたあと、登山とハンマーヘディングで有名な丘のふもとに立ち寄った。ハンマーヘディングというのは丘を駆け上がり、重力に耐えられなくなり、引き返した時点での高さを競うゲームである。この丘は、特に危険で、雪崩もよく起こった。ハンマーヘディングをするなど論外な状況だ。それでも、ある隊員が誘惑に負けて登り始め、もう一人

もそれに続いた。そして、雪崩が起き、悲しいことに二人は死亡した。[1] このエピソードは、リスクにはとる価値がないものがあることを思い出させてくれる。そして、もちろんそれは投資の世界にも言える。次の例を見てみよう。

私が初めて書いた『ジ・オンリー・ガイド・トゥ・ア・ウイニング・インベストメント・ストラテジー・ユー・ウィル・エバー・ニード（The Only Guide To A Winning Investment Strategy You'll Ever Need）』に関するセミナーを開くために、アトランタを訪れたとき、インテルの幹部と話す機会があった。彼は当時、一〇〇〇万ドル以上の資産を持っていた。ただ、その資産は自宅を除き、ほぼすべてがインテルの株だった。このとき、インテルの株価は分割調整後（二〇〇〇年七月に一対二に分割）で約四〇ドルだった。彼は、集中投資の戦略のリスクを認識していたが、自分の会社の将来を確信しており、ポートフォリオの分散を図るために、ほんの一部の株すら売るつもりはなかった。私は似たような状況で資産が大きく目減りした人（ディジタル・イクイップメント、ポラロイド、ゼロックスなど、かつては偉大だった会社の社員）の話をするなどしてできるかぎり説得したが、持ち株を売る気にさせることはできなかった。

それから二年半後、私は再び彼に会った。インテルの株価は、七五％下がって約一〇ドルになっていた。しかし、彼はまだポートフォリオを分散させる気はなかった。彼と次に会ったのは、最初の出会いから九年後の二〇〇九年三月だった。このときも株価は一〇ドルで彼の気持ちは変わっておらず、「インテルは必ず上がりますよ」と言っていた。私は彼に、破産した会社の幹部も同じことを言っていたと伝えた。投資にはリスクがあり、確実なことなどないとも伝えた。幸い、インテルの株価は最終的には回復した。しかし、再び四〇ドルを付けたときには二〇一七年末になっていた。ちなみに、二〇〇〇年三月～二〇二〇年九月の期間にバンガード五〇〇インデックスファンド（ＶＦＩＮＸ）のリターンが年率六・四％だったのに対して、インテルはわずか一・八％だった。リスクのなかにはとる価値がないものがある。一社に、資産の小さな割合（例えば、一〇％）以上投資すべきではない。特に、それが自分が勤める会社ならば、労働資本のパフォーマンスと株のパフォーマンスの相関性が高いため、避けたほうがよい。

教訓

投資とは、リスクをとることだ。しかし、賢い投資家はリスクをとる価値があるものと、リスクをとる価値がないものがあることを知っており、その違いも分かっている。つまり、結果がマイナスになった場合のコストが自分の許容レベルを超えていれば、素晴らしい結果になる確率がどれほど高くても、そんなリスクはとるべきではない。言い換えれば、あなたがどんなに勝率が高いと思っていても、実際の投資結果を見て判断を下してほしい。

次は、投資家がたくさんの間違いを犯すのは、問題を正しいレンズで見ていないからだという話をする。

第23章　問題をどうとらえればよいのか

あなたは六〇〇人の部隊の指揮官で、今、敵に囲まれているとする。状況を注意深く分析した結果、二つの選択肢があることが分かった。選択肢Aは援軍が来るまで戦い抜くことで、そうすれば部隊の二〇〇人は生き延びることできると予想される。選択肢Bは暗闇に紛れて逃げることで、予想では三分の一の確率で全員が助かり、三分の二の確率で全滅する。あなたはどちらを選ぶだろうか。

次はまったく同じシナリオを言葉を変えて提示する。選択肢Aでは、部隊の四〇〇人が死ぬ。選択肢Bでは、三分の一の確率で全員が助かり、三分の二の確率で全滅する。あなたはどちらを選ぶのだろうか。

二つの状況はまったく同じだが、最初の説明ではほとんどの人がAを選び、二番目の説明ではほとんどの人がBを選ぶ。心理学者は、結果の違いが選択肢の提示の仕方によるとしている。最初のケースでは、何人が助かるか（二〇〇人）に注目し、二番目のケースでは何人死ぬか（四〇〇人）に注目している。

私たちは自分は合理的に判断を下すとみんながそう思っている。そして、合理的な人として、同じ状況に直面すれば同じ判断を下すはずだと思っている。しかし、心理学者はほとんどの人がそうしないことを発見した。問題をどうとらえるかによって、まったく違う結論に達することがよくあり、それが間違いにつながることもよくあるということである。ここには、投資の間違いも含まれている。

ジェイソン・ツバイクの名著『あなたのお金と投資脳の秘密』（日本経済新聞社）に載っているいくつかの例について考えてみよう。

●ひき肉について、あるグループは「七五％が赤身」だと言われ、別のグループは「二五％が脂質」だと言われた。「脂質」と言われたグループのひき肉に対する評価は、「赤身」と言われたグループよりも質が悪いと答えた人が三一％多く、味が良くないと答えた人が二二％多かった。

●妊娠した女性で、ダウン症の子供が生まれる確率が二〇％だと言われた人のほうが、「正常」な子供が生まれる確率が八〇％だと言われた人よりも羊水検査に同意しやすい。

●四〇〇人の医師に、自分がガンになったら放射線治療と手術のどちらを選ぶか聞いた。手術の死亡率が一〇％と伝えられたグループは五〇％が放射線治療を選択し、手術の成功率が九〇％と伝えられたグループは一六％が放射線治療を選んだ。[1]

三つの例からは、状況をマイナスのことを中心に据えて言われると、人はそこに注目することが分かる。しかし、もしプラスのことを中心に据えて言われると、まったく違う結果になった。次は、二つの投資に関する状況を見ていこう。これを見ると、提示のされ方がいかに私たちの判断に影響を及ぼすかが分かる。

インデックス型年金

インデックス型年金（ＩＡ）は、株式投資の利益が得られる可能性があり、下方リスクはないという金融商品で、営業担当は「両方の良いとこ取り」だと紹介している。インデックス型年金の典型的な宣伝文句を見ていこう。

●指数の上昇の一部に連動している（例えば、S&P五〇〇）
●元本の保護
●指数のパフォーマンスに関係なく最低リターンを保証
●課税繰り延べによる成長の可能性
●特定のニーズに合わせた収益の選択肢
●死亡時に年金の指数に連動した部分の一〇〇%を受益者に保証

投資家は、これらの特徴に非常に魅力を感じる。二〇一九年、保険の業界団体であるリムラは、二〇二三年のインデックス型年金の売り上げが二〇一八年よりも二六〇億ドル増加すると予想した。そして、二〇二二年には売り上げが八〇〇億ドルに達した。ただ、投資家にとって残念なことに、インデックス型年金にはたくさんのデメリットもあり、そのどれか一つでも買うべきではない理由になるものだった。デメリットの一部を紹介しよう。

●高い手数料によって、得られたはずのリターンが減る。
●リターンに上限が設定されたり、ベンチマークのリターンの一部（少ないと五〇%、多くは七〇～九〇％）しか提供しないようになっていたりするため、株式投資の潜在利益の多くを失っている可能性がある。

●リターンは指数の価格のみに連動しているため、配当は支払われない。しかし、配当は歴史的に株のトータルリターンの大きな割合を占めている。

●指数のリターンから差し引かれる手数料によってリターンが下がる。

●リターンは複利ではなく単利で計算されている。

●ほとんどのインデックス型年金は高額の早期解約手数料を課しており、二〇％を超える場合もある。

●保険会社は契約条項を変更することができる（例えば、リターン率の上限）。

インデックス型年金の多くは非常に複雑で、デメリットがたくさんあるが、すべてを理解するのはほとんどの投資家にとって難しいため、二〇二〇年にSEC（米証券取引委員会）は警告を発した。その内容の一部を見てみよう。

注意

インデックス型年金は複雑な商品です。この商品を購入する前に契約書を読み、年金が証券である場合は目論見書を読んでください。そして、それぞれの特徴の仕組みと、それらの特徴が年金の潜在的なリターンにどのような影響を与えるかを理解する必要があります。インデックス型年金を購入して資金を失う可能性もあります。年金の仕組みを理解するために、保険代理店やブローカーやそれ以外の金融のプロに質問してください。

注意

インデックス型年金の契約書は、保険会社が定期的に特徴の一部を変更することができます（例えば、リターン率の上限）。これらの変更は、あなたが受け取るリターンに影響する可能性があります。契約書を注意深く読んで、あなたの年金にどのような変更がありそうか判断してください。

さまざまなデメリットがあっても投資家はこのインデックス型年金が大好きなようで、

毎年、何百億ドルも売れている。理由は簡単だ。保険業界はこの商品を売るときに、投資家が大きな潜在利益と元本の保護と最低リターンの保証に注目するような形で勧めているからだ。そうすることで、投資家は、コストや潜在利益の可能性が見えにくくなる。言い方を変えれば、「あなたはワナにはめられている」。次の、最低保証リターンと元本の保護に関する内容を見てほしい。

インデックス型年金の多くは、最低リターンを保証しており、これまでは一～三％だった。しかし、この保証は必ずしも投資額全体に対するものではない。多くの場合、保証するのは投資額の九〇％に対して最低x％などとなっている。なぜ九〇％なのだろうか。理由は保険業者が一〇％の手数料を徴収しているからだ。その結果、投資家はインデックス型年金を購入しても元本を失う場合がある。特に、早期に解約する必要が出てきても、保証が適用されるのは満期まで保有したときのみなどということもある。しかも、早期解約には高い違約金を取られる。

裁定リターンの保証については、もう一つ重要な点がある。保証は名目リターンに基づいているため（実質リターンでもインフレ調整済みリターンでもなく）、過去の例を見ると保険的価値はほとんどなかった。例えば、一九三一～二〇〇七年のどの一〇年間を見てもS&P五〇〇の名目リターンがマイナスになったことはないため、元本保証は不要だった。そして、一九三二～二〇〇七年にS&P五〇〇のリターンが三％未満だった一〇年間はわずか一回しかなく、それが一九六五～一九七四年の一・二％だった。ところが、二〇〇八年にそれが起こった。そこで、保険会社は投資家が最近の出来事に目を向けるよう誘導する。

インデックス型年金について、歴史的に見て不要だった下方リスクの安全策ではなく、放棄することになるかもしれない潜在利益について説明されていたら、実際には何人の投資家がこの商品を買っていただろうか。問題のとらえ方と投資家の知識のなさが、高くつく投資の間違いにつながる。

問題の提示の仕方が間違いを誘うケースをもう一つ見ていこう。

モンテカルロシミュレーション

私たちが住む世界の水晶玉は雲っているため、リターンについては予想することしかできない。ただ、ポートフォリオの予想リターンを確実なリターンとして扱ってはならない。

それならば、可能なリターンの可能なばらつきを考え、目標額を達成する確率を予想するほうがよい。この作業は、モンテカルロシミュレーターを使うとうまくできる。

モンテカルロシミュレーションのアウトプットは、さまざまな投資結果の確率が示されている。そのアウトプットをどう見せるかによって、リスクの見方はまったく変わる。例えば、その人の資金が尽きない（その人の目標額を達成できる）確率は九〇％というアウトプットを見せられたら、マイナスの見通し（資金が尽きる可能性は一〇％）と言われた人よりもずっと多くの人が許容できるリスクだと思うことは、これまで学んできたとおりである。モンテカルロシミュレーションのアウトプットはほぼ必ず良い見通し（成功確率）から示すため、より多くの人が適切以上のリスクをとっている可能性が高い。調査と私自身が経験した事例から、九〇％の勝率ならば許容できると言う人も、一〇人に一人は資金が尽きると言われると答えが変わる。あなたは、このリスクをとるだろうか。私は、このような経験に基づいて、リスクに関する問題は必ず立ち止まって否定的な見通しから検討することを学んだ。

教訓

個人投資家もファイナンシャルアドバイザーも、さまざまな視点で分析して判断するために、問題の問い方には注意を払う必要がある。それがすべてのメリットとデメリットをしっかり検討するための最善策と言える。人がどのようにして間違いを犯すのか理解することは、自分がそのような間違いを避ける助けになるし、ファイナンシャルアドバイザーは付加価値を提供できる。

次は、知的な人が規制当局から警告されても投資の間違いを繰り返す理由を見ていこう。

第24章　なぜ賢い人たちが愚かなことをするのか

「将来の資産状況にとって最大の脅威を知りたければ、家に帰って鏡を見るとよい」――ジョナサン・クレメンツ

ほとんどの人は、なぜあんなバカなことをしてしまったのだろうと思ったことが何回もあるだろう。折り畳みの椅子を踏み台にしたり、まだ火が付いているオーブンを掃除しようとしたり、私が二回やったエンジンがかかったまま車から離れてしまったりするようなことだ。しかし、かなり頭の良い人でもときどき愚かなことをしてしまうのは、人生でのまぎれもない事実で、それが人間というものだ。投資においても、ほとんどの人が間違いを犯すのは、たいていは自信過剰に陥っているようなときだ。自信過剰になると、過剰な

リスクをとり、トレードをしすぎて、慣れていることと安全なことを混同する。これらの誤りは説明できる。しかし、説明が難しいケースもある。

賢い人の多くが、喫煙の危険を警告する公衆衛生局の言葉は無視しないのに、SEC（米証券取引委員会）がすべての投資ファンドの広告に掲示を定めている「過去のパフォーマンスは将来の結果を保証するものではない」という警告文は無視する。投資信託の過去のリターンが継続しないということに関しては、毎年発表されるSPAVAスコアカードをはじめとする多くの証拠があり、SECも警告しているにもかかわらず、投資家は、直近で高いパフォーマンスを上げたファンドに殺到する。また、ファンド会社もこれを利用して、自社の高パフォーマンスのファンドを宣伝し、勧誘する。これらの広告につられて資金が流れ込むことは、二〇二一年の論文「レーティング・ドリブン・デマンド・アンド・システマティック・プライス・フラクチュエイション（Ratings-Driven Demand and Systematic Price Fluctuations）」をはじめとする研究が示している[1]。

これから、パフォーマンスの継続性に関する非常に強力な証拠を紹介していく。これを見て、投資家が証拠を無視することを疑問視してくれればうれしい。まずは二〇一七年の論文「ダズ・パスト・パフォーマンス・マター・イン・インベストメント・マネジャー・

セレクション？（Does Past Performance Matter in Investment Manager Selection?）」[2]を見ていこう。著者たちは、「単純に最近、ベンチマークをアウトパフォームしたマネジャーを選ぶと（マネジャー選択でよく見られるヒューリスティクス［世界を理解するための経験に基づいたおおよそのルール］）、そのあとも単純にベンチマークをアウトパフォームする（ほとんどの機関投資家にとって望ましい結果）かどうか」を検証した。彼らは投資マネジャーのよくある選択ヒューリスティクスの影響をシミュレーションするため、最近のベンチマーク調整後のリターンに基づいて選択した商品に投資するという戦略の仮想の年金ポートフォリオのパフォーマンスを比較した。

著者たちは、多く用いられている「勝者戦略」を、三年ごとにベンチマーク調整後のリターンが上位一〇％の商品に均等に投資すると定義した。三年経過したら、同じ方法で資金を再配分する。

彼らは、この勝者戦略のポートフォリオのパフォーマンスを、「中央値戦略」（三年ごとに上位四五～五五％のファンドに投資する）と比較した。また、直感に反する「敗者戦略」（三年ごとに下位一〇％のファンドに投資する）とも比較した。

勝者戦略のポートフォリオには、投資コンサルタントが年金口座の顧客に勧めるファンドが集まっており、敗者戦略のポートフォリオには「監視リスト」に載っており、しばしば推奨リストのファンドと差し替えられるようなファンドが集まっている。

彼らはさらに、ベンチマークよりも年率一％以上アンダーパフォームしたファンドと、年率三％以上アンダーパフォームしたファンドについても調査を行った。これらのファンドは、一般的に行われているマネジャーの解雇ヒューリスティクスの影響について洞察を与えてくれる。ちなみに、今回のサンプルでは運用資産が一〇億ドル未満のファンドと、経費率が上位一〇％のファンドは除外している（経費が高い投資信託は継続的にベンチマークをアンダーパフォームすることは研究によって示されている）。この調査は一九九四～二〇一五年について行われ、次のような結果になった。

●ベンチマーク調整後リターンの平均は、中央値戦略（マイナス一・〇七％）が勝者戦略（マイナス二・三九％）に年率一・三二％打ち勝ち、敗者戦略（マイナス〇・一一％）が中央値戦略を年率〇・九六％アウトパフォームした。つまり、敗者戦略が勝者戦略を年率二・二八％アウトパフォームしたのだ。

●ベンチマーク調整後のリターンに加えて、学術研究で通常用いられるそれ以外の基準のすべてにおいて、中央値戦略は勝者戦略をアウトパフォームし、敗者戦略は中央値戦略をアウトパフォームした。

●シャープレシオは、中央値戦略が〇・四二で、勝者戦略は〇・二五、敗者戦略は〇・四八だった。つまり、勝ち組ファンドから負け組ファンドに乗り換えれば、平均分散効果を二倍近くにすることができた。

●CAMP（資本資産評価モデル）のアルファは、中央値戦略（マイナス〇・八五％）が勝者戦略（マイナス三・六一％）を統計的有意に年率二・七六％打ち勝った。また、カーハートの四ファクターモデル（市場のベータ、サイズ、バリュー、モメンタム）のアルファは、中央値戦略（マイナス二・一六％）が勝者戦略（マイナス三・一九％）を統計的有意に年率一・〇三％打ち勝った。ちなみに、敗者戦略はそれもさらにアウトパフォームし、CAMPアルファは年率マイナス〇・一一％、カーハートの4ファクターモデルのアルファはマイナス〇・一七％だったが、どちらも統計的有意ではなかった。

同様の結果は、極端な負けポートフォリオのパフォーマンスにも見られた。「ベンチマークを三％もアンダーパフォームしたポートフォリオでは、クビになったファンドのベンチマーク調整後のリターンとCAMPアルファとカーハートの四ファクターモデルのアルファが残ったファンドを年率一％アウトパフォームした。シャープレシオについても、クビになったファンドの平均分散高率が残ったファンドを上回った。そして、一％下回ったポートフォリオでも似たような結果になった。繰り返しになるが、クビになったファンドのパフォーマンスが、すべてのパフォーマンス評価において残ったファンドをアウトパフォームしていた[3]」

例えば、ベンチマークを一％以上アンダーパフォームし、マネーマネジャーがクビになったファンドは四ファクターモデルのアルファ（マイナス〇・六九％）で、ベンチマークをアンダーパフォームしたのが一％未満でポートフォリオに残ったファンドのアルファ（マイナス一・八八％）よりも高かった。ベンチマークを三％以上アンダーパフォームしたファンドの四ファクターアルファはマイナス〇・四八％で、三％未満のファンドはマイナス一・六四％だった。

著者たちは、堅牢性の検証では三年ではなく二年ごとに評価したが、似たような結果を得た。また、運用資産額一〇億ドルの条件を外した場合や、機関投資家向けのクラス（コストが安い）のみを検証した場合も、同様の結果になった。さらには、これらのファンドをベンチマークと比較したパフォーマンスのデシル分析でも同様の結果になった（一般的には、上位一〇％のファンドから下位一〇％のファンドに移行すると、パフォーマンスは生データでもリスク調整後データでも悪化する）。このような結果は、多く報告される「パフォーマンスギャップ」、つまり、パフォーマンスを追いかける行動は平均的にその投資したファンドのパフォーマンスを下げる可能性があることを説明する助けになる。

このような結果から、著者たちは「ファンドの一般的な選択方法は、パフォーマンスを悪化させる」と結論付けた。彼らはさらにこうも書いている。「ベンチマーク調整後のリターンでも敗者ファンドのほうが勝者ファンドよりも統計的にも経済学的にも高く、評価期間や保有期間や標準的なリスク調整の妥当なばらつきに対しても堅牢であることが分かった。さらに、直近にベンチマークをアンダーパフォームしたマネーマネジャーをクビにするという標準的な行動は、将来にベンチマークをアウトパフォームするマネジャーを排除してしまう可能性が高いことも分かった」[4]

これらの結果は、それ以前の調査とも完全に一致している。次の項では、論文の発表日に注目してほしい。過去のパフォーマンスを見てアクティブファンドを選んでも意味がないことは、ずっと以前から明らかになっていたにもかかわらず、ほとんどの個人投資家と機関投資家に無視され続けてきた。

裏付けとなる証拠

ボブ・バウアー、リック・フレヘン、ハーバー・ラム、ロジャー・オッテンが二〇〇八年に発表した論文「ザ・パフォーマンス・オブ・ユーエス・ペンション・プラン（The Performance of U.S. Pension Plans）」は、七一六の確定給付型年金基金（期間は一九九二～二〇〇四年）と、二三八の確定拠出型年金基金（期間は一九九七～二〇〇四年）[5]について検証した。その結果、それらのリターンとベンチマークの差はゼロに近く、パフォーマンスには継続性がなかった。

重要なことは、著者たちがファンドの規模や外部委託の程度や会社の株式保有率もパフォーマンスを左右する要素であることを突き止めたことだった。これは、大規模な年金基金は、その規模によって不利になるという主張を否定している。その一方で、小規模の年金基金が良かったわけでもない。著者たちは、次のように結論付けている。「長期的な純パフォーマンスのパターンは驚くほど似ている。つまり運用スキルの違いによる可能性は極めて低い」

バウアーとフレヘンとラムとオッテンは投資信託のパフォーマンスについても調べ、さらなる証拠を示した。予想どおり、個人投資家のリターンはさらに低かった。年金基金のリスク調整後のリターンは市場のベンチマークをアウトパフォームするのに失敗したが、投資信託は年金基金をさらに年率二％アンダーパフォームした。年金基金はその規模を生かしてコストを最低限に抑える交渉力があり、ファンドマネジャーと投資家の利益相反リスクを軽減できる。著者たちは、投資信託に投資した場合の低パフォーマンスは、追加的なコストによるとしている。

非生産的な行動

アミット・ゴヤルとスニール・ワハルが二〇〇八年に発表した「ザ・セレクション・アンド・ターミネーション・オブ・インベストメント・マネジメント・ファーム・バイ・プラン・スポンサー（The Selection and Termination of Investment Management Firms by Plan Sponsors）」は、年金基金が、契約後に市場をアウトパフォームする投資運用会社を見つけることができない証拠をさらに示している。[6]著者たちは、年金基金など（公的年金、企業年金、組合年金、財団、基金）が契約し、解約した投資運用会社について検証した。彼らは、約三四〇〇の年金基金などが一九九四～二〇〇三年に行った契約と解約のデータセットを作成した。このデータは、六二七〇億ドルを超える運用委託金の配分を表している。検証結果は次のようになった。

●年金基金等は過去三年に大きな超過リターンを上げた運用マネジャーと契約していた。
●このようなリターンを追いかける行動はそのあとの超過リターンをもたらさない。
●契約後の超過リターンはほぼゼロだった。
●年金基金等は、ベンチマークをアンダーパフォームすると運用マネジャーを解約したが、解雇後のリターンはプラスになることが多かった。
●もし年金基金などが運用マネジャーをクビにしなければ、新たに契約した運用マネジャーによるリターンよりも高いリターンが得られていただろう。

ここで重要なのは、これらの結果には、運用会社の変更に伴う保有資産の入れ替えにかかったコストは含まれていないことである。結局、契約や解約は非生産的な行動だった。

これらの証拠を見ると、「なぜ投資家は警告も証拠も無視するのか」についてよく考えるべきだろう。

なぜ警告には価値がないのか

「ワースレス・ワーニング？（Worthless Warnings? Testing the Effectiveness of Disclaimers in Mutual Fund Advertisements）」という研究が、いくつかの興味深い結果を提供している。[7] 著者たちは、参加者にリターンが同種の商品をアウトパフォームした投資信託の広告をいくつか見せ、そのあとそのファンドに投資したいかと、将来の期待リターンを聞いた。複数の広告は、免責事項の強さと目立ち方を変えていた。

結果は、「広告のなかで、現在のSEC（米証券取引委員会）の免責事項を見た人たちの反応は、免責事項がない広告を見た人たちと同じで、そのファンドに投資を希望し、将来のリターンに対する期待も変わらなかった」。著者たちは、次のように結論付けている。「SECが規定している免責事項はまったく効果がない。免責事項を見ても投資意欲も将来のリターンへの期待も変わらなかった。……現在の免責事項は効果が弱すぎて意味がない。理由は、免責事項を投資家がすでに知っていること、つまり過去の高いリターンが将来のリターンを保証するものではないことと、資金を失う可能性があることしか伝えていないからだ。言い換えれば、投資家が本当に理解する必要があること、つまり、過去の高いリターンは将来の高いリターンの予測には使えないということを伝えていない」

ちなみに、著者たちは「強い免責事項――投資家にファンドの高いリターンは通常、継続しない、つまり偶然の結果である――はかなり効率的だった」ということも発見した。

投資家は、米国法律協会が作成したプルーデント・インベスター・ルールである「ファンドマネジャーの過去の成功と、それ以降に市場リターンをアウトパフォームする能力はほぼ無関係である」も無視していた。

資金マネジャーの過去のパフォーマンスから将来のパフォーマンスを予想できるかどうかに関しては、何百もの研究がある。フォーチュン誌一九九九年三月一五日号の記事は、パフォーマンスがトップクラスのファンドの宣伝を定期的に掲載している出版物の結論を効率的にまとめている。「ファンド会社が過去のパフォーマンスを重視しているにもかかわらず、指数をアウトパフォームした四％の成績がランダムな統計的変動である以外の証拠はない。業界全体が、ある程度の黒魔術の上に構築されている。……過去のリターンが無意味であることを証明する膨大な数の研究があるにもかかわらず、ほとんどの投資家（と個人向けの金融誌）は過去の勝者から将来の勝者を探そうとしている。しかし、それは無駄な努力だ。真実は、あなたがこれから評判になるファンドを見つけたくてもそんなことはできないし、できると主張するアドバイザーや出版物にもそんなことはできない」

過去のパフォーマンスがダメならばどうすればよいのか

金融の世界には、証拠（アクティブファンドの過去のパフォーマンスはプロローグではない）と理論が矛盾するとき、どれだけ理論的で直感的に正しくても理論は捨てて証拠を取れ、という原理がある。しかし、残念ながら、最近のパフォーマンスが高い運用会社を採用するのは負け戦略だと明らかにした証拠をほとんどの投資家が無視する。これまで見てきた調査結果は、証拠に反する判断を続ける投資家にとって大きな冒険であることを示している。

結局、多くの投資家が同じことを何回も繰り返して違う結果を期待している。そして、彼らの多くがいったん立ち止まって、「過去のパフォーマンスに基づいて雇ったマネジャーが採用後にパフォーマンスが下がったのに、どうして同じ基準で雇った次のマネジャーが高いパフォーマンスを上げると思うのか」と自問することもない。しかし、どうすれば何も変えないで、違う結果を期待できるのだろうか。私はこれまでこの質問を何回もしてきたが、答えが返ってきたことはない。ポカ～ンとされるだけだ。

この教えを実践するには、マネジャーの選択方法を変える必要がある。過去のパフォーマンスを主か、それだけで選ぶのではなく、ファンドの経費や、プレミアムをもたらすことが実証され、説明されている要素（サイズ、バリュー、モメンタム、利益率、質など）へのイクスポージャーがどの程度かなどといった基準を用いるべきである。これらのプレミアムには、継続的で、幅広く、さまざまな見地から見て堅牢で、実行可能で（効果が取引コストを上回る）、プレミアムが継続することが期待できる理由を直感的に説明できるといった証拠がなければならない。

このような基準を使えば、ほぼ必ずアクティブ運用ファンドを避けることにつながり、優れた結果をもたらす可能性が高い。

教訓

賢い人は、公衆衛生局やＳＥＣや米国法律協会のアドバイスは無視すべきではないことを知っている。また、そのアドバイスを無視すれば自分を危険にさらすことも知っている。

次は、計画の重要性について説明する。戦争の勝敗は、戦場ではなく計画段階で決まっている。

第25章　戦わずして勝つ

孫子は、古代中国に多大な影響を与えた兵法書『孫子の兵法』の著者でもある孫武（紀元前五四四～四九六年）に与えられた尊称である。一三章から成るこの本は、各章には戦争のさまざまな側面について書かれており、長年、軍事戦略に関する決定的な一冊だとみなされてきた。そして、この本はビジネス戦略にも影響を与えてきた。投資家にとっても、この本の知恵は有益である。特に、本のなかで最も引用されることが多い「戦わずして勝つ」という洞察は恩恵を与えてくれるだろう。

新型コロナウイルス感染症によってもたらされた弱気相場は、二〇二〇年二月二〇日に始まった。それから二三日間でS&P五〇〇は三四％下落し、これはこの短期間としては最大の下げ幅だった。しかし、過去の出来事を知っている人たちにとって、このような損失はまったく予期できないものではなかった。その理由が分かるいくつかのカギとなるエピソードと、過去の証拠を見ていこう。

二〇〇七年七月一九日、S&P五〇〇の終値は一五五三だった。それが一カ月もたたない八月一五日には一四〇七までほぼ一〇%下げた。この下落は「質への逃避」と「流動性への逃避」によって加速した。金融メディアの見出しには、投資家がリスク資産を手放したことによって、この種の資産が多いヘッジファンドが巨額の損失を出したことを伝えていた。

マスコミは、こぞってこれは異例の出来事だと伝えた（金融メディア以外も含めて）。例えば、リーマン・ホールディングスのクオンツ株式戦略のグローバル責任者で、シカゴ大学の博士号を修得しているマシュー・ロスマンは、株の下落によって世界中で巨額の損失を出した三日後にこう発言した。「水曜日は、クオンツの世界で長きにわたってみんなの記憶に残る日となった。モデルが一万年に一回しか起こらないと予想した出来事が三日連続で起こった[1]」

リーマンのモデルとほかの多くのヘッジファンドのモデルはそのように予想したのかもしれないが、それが証明したのはモデルが間違っていたということだけだった。このような出来事は過去にもそこそこの頻度で起こっている。実際、似たような危機は、ほんの一〇年前の一九九八年夏にも起こっていた。

ＬＴＣＭ（ロング・ターム・キャピタル・マネジメント）は、ソロモン・ブラザーズの元副会長で債券トレードの責任者だったジョン・メリウエザーが一九九四年に設立したヘッジファンドで、一九九七年にノーベル経済学賞を共同受賞したマイロン・ショールズとロバート・マートンが取締役になっていた。ＬＴＣＭは最初は年率四〇％以上のリターンを上げて好調だったが、一九九八年に四カ月弱で四六〇億ドルの損失を出し、ヘッジファンド業界のリスクを明らかにした最も有名な例となった。二〇〇〇年初めに破綻したＬＴＣＭの失敗は、彼らのモデルもロスマンのモデルと同じ見通ししか示さなかったからだ。

過去の証拠

シカゴ大学でマイロン・ショールズの指導教官だったユージン・ファーマ教授は、株のリターンの歴史的な分布を研究していた。彼は次のように言っている。「もし価格変動の母集団がまったく正規分布どおりならば、どの株式でも平均すると……平均から五標準偏差を超えるケースは約七〇〇〇年に一回観測されるはずである。しかし、実際にはこのような出来事が三～四年に一回観測されている」[2]。これは一万年に一回とはかけ離れている。次のケースも見てほしい。

●一九二六～二〇二二年の九七年のうち二六年でS&P五〇〇のリターンはマイナスだった。そのなかの一一年は損失が一〇％を超え、そのうちの六年は二〇％を超え、そのうちの三年は三〇％を超えていた。そして、損失が四〇％を超えた年も一年あった。
●同じ期間の三八八回の四半期に、損失が一〇％を超えた四半期は三四回あった（全四半期の九％）。そのなかで二〇％を超えた四半期は八回（二％）、三〇％を超えた四半期は二回（一％）あった。

このデータは、株がリスクの高い資産であり、過去のボラティリティを見ればランダムな期待値以上のリスクがあるということを教えてくれる。また、データは投資家がどこかの時点で深刻な損失を経験する可能性があることを知っておかなければならないとも教えてくれる。実際、深刻な損失があることこそ、歴史的に見て株が安全な債券よりも高いリターンをもたらしてきた理由でもある。投資家は平均的にリスク回避思考が強い。そのため、投資家に株のリスクをとらせるためには、高い期待リターンを提供できる価格になっていなければならない。そして、考えるべきはリスクが現実になるかどうかではなく、リスクはいつ起こるか、どれくらい急に下がるか、いつ終わるかということなのである。ただ、答えはだれにも分からない。

「危機」の仕組み

弱気相場には、特定の出来事によって起こったものもある。二〇〇一年九月一一日の同時多発テロや、一九七三年のオイルショックや、二〇二〇年の新型コロナウイルス感染症などである。この種の危機はランダムに起こり、予想することはできない。しかし、それ以外の弱気相場にはかなり似たパターンがある。景気が良くなると、投資家はより大きなリスクをとるようになり、価格が上昇する。好調な時期が長くなるほど、投資家の自信は高まり、さらに大きなリスクをとっていくと、いずれ株価は「完璧な価格」になるかもしれない。しかし、いつかはリスクが現実になる。損失が発生し、信用が低下し、追証を求められ、質への逃避が起こる。これを「転換点」に達したと言う人もいる。そうなると、価格はただ下げるのではなく、売りがさらなる売りを呼ぶ悪循環によって暴落することになる。投資家のなかには追証のために売りを強制される人もいれば、損失の痛みに耐えきれなくなってパニック売りをする人もいる。

リスクが現実になったとき

弱気相場の間は、ほとんどの株と高リスクの債券は相関性が高くなる傾向があることをぜひ知っておいてほしい。つまり、平時の賢い戦略は株の資産クラスで世界的に分散しておくことだが、危機のときはこの効果が意味をなさなくなる。このような時期の安全な避難先は、質の高い債券しかない（例えば、国債、政府機関債、ＦＤＩＣ［米連邦預金保険公社］の保険付き定期預金など）。ちなみに、リスクが高い債券（ジャンクボンド、新興市場の債券など）は、やはり質への逃避と流動性への逃避によって下落する。そこで、賢い戦略はポートフォリオ全体のリスクを許容できる水準に抑えるため、ポートフォリオに必ず安全な債券を十分保有しておくようにしてほしい。それが、戦う前に勝つことにつながる。

もう一つ重要なこととして、相関性が低いのがメリットだとされているヘッジファンドのリスクも、危機のときは相関性が高まる傾向がある。多くのヘッジファンドは高いリターンを目指して高いリスクをとっているため、流動性が低い資産に投資している。そのため、まさに「ヘッジ」が必要なときに、リスクが現実になる。一九九八年の夏も、二〇〇八年や二〇二二年もそうだった。このことは、ヘッジファンドを避けるべき理由のほんの一つにすぎない（ほかにも高いリスク調整後のリターンを提供するという「約束」を守れないなど、理由はたくさんある）。

これらの理由から危機に備えるためには、ボラティリティが高い株などの資産に高いレバレッジをかける戦略を避けるべきであると分かる。レバレッジは、リスクが現実になるまではうまく機能する。しかし、レバレッジをかけていると、追証によって弱気相場が終わる前にポジションを手仕舞いしなければならないことがよくある。そのため、レバレッジは多くの投資家の戦略を破綻させる要因になっている。その完璧な例がＬＴＣＭだった。彼らのポジションの多くは、保有し続けることができれば利益が出たはずだが、追証を払えずに清算を余儀なくされて破綻した。ゲームストップ社の株を空売りした人たちも、その教訓を再度認識することになった。

次は、マーケットタイミングによって、必ず起こる急落の時期をうまく避けることができるかどうかを見ていこう。

マーケットタイミング

市場でタイミングよくトレードすることを試みた証拠はなかなか面白い。例えば、ピーター・バーンスタインは『ザ・ポータブル・MBA・イン・インベストメント（The Portable MBA in Investment）』のなかで、一〇〇の大手年金基金が行ったマーケットタイミングについて調べた研究から、彼らがある程度のマーケットタイミングを試みたが、それによってリターンが改善したファンドは一つもなかったという結果を紹介している。[3]

マーケットタイミングを試みてもひどい結果に終わる証拠をいくつか見ていこう。マーケットタイミングを試みるときは、正しいことを一回ではなく二回しなければならないということを覚えておいてほしい。正しいタイミングで売り、正しいタイミングで買い直さなければならないからだ。前述のとおり、一九二六～二〇二二年の三八八回の四半期で、一〇％以上上下げた四半期は三四回あった。実は、そのうちの二一回は次の四半期でS&P

五〇〇が五％以上上昇した。しかも、そのなかの二一回は一〇％以上上昇し、五回は二〇％以上上昇し、三回は三〇％以上上昇し、二回はなんと八〇％以上も上昇した。八〇％だ。つまり、市場が一〇％以上下落した次の四半期で五％以上上昇するケースが約三分の二もあったことになる。実は、それ以外に上昇が五％未満だった四半期も三回あった。それも含めると、急落した四半期のあとは七〇％以上の確率で市場は上昇していた。このような事実を見ると、伝説の投資家と呼ばれるピーター・リンチがこう言った理由がよく分かる。「調整で失われるよりもはるかに多くの資金が、調整に備えたり、調整を予想したりすることで失われている」[4]。また、ウォーレン・バフェットは、株を保有したい時間枠は永遠だと言っている。

もし弱気市場を予想できないならば、何が賢い戦略なのだろうか。

勝者の戦い

歴史上最も偉大な将軍であるナポレオンは言った。「ほとんどの戦いは、最初の弾が放たれるずっと前の準備段階で勝敗が決まっている」。投資家にとっても、勝敗は計画段階で決まっている。成功する投資家は、弱気相場が起こることと、それを正確に予想できないことを知っている。そこで、彼らは弱気相場を計画に組み込んでいる。彼らはまず、自分の能力と意欲と必要なリスクを決める。そして、避けられない弱気相場になったときに、リスクが大きくなりすぎて、パニック売りをしなくてよいように資産配分を行っている。また、弱気相場で感情が高ぶって眠れなくなるようなリスクはとらないようにしている。

教訓

自分のポートフォリオの心配に時間を費やすほど人生は長くない。もしリスクをとりすぎないようにすれば、大きな損失に見舞われてもリバランスすることができる（パフォーマンスが悪かった資産を多く買う）。残念ながら、多くの投資家、特に過剰なリスクをとる人たちは感情的に判断を下し、その結果、高く買って安く売り、リバランスと逆のことをしている。一方、規律を守ってリバランスを行い、安く買って高く売る賢い投資家は、優れた戦略を忠実に守っている。

株は、保有期間に関係なくリスクが高い投資であることを、賢い投資家は分かっている。

彼らは、いつベア相場が冬眠から覚め、どこまで下げるか予想できないことも知っている。計画段階で勝敗が決まることだけでなく、十分練られた投資計画を投資の方針として明記したものが勝つための戦略だということも分かっている。しかし、彼らはこのような計画を持つことは勝つための必要条件にすぎないことも知っている。この計画に規律をもって従い、切手のように誠実に役割をこなすことで十分条件になる。切手は宛先に届くまで、封筒にしっかり貼りついているというたった一つのことしかできないが、それを極めてしっかり行う。投資家も成功するためには、よく練られた計画を感情に流されて捨て去るようなことはしないという規律を持たなければならない。

最後に、次に弱気相場が来て感情的に売りたくなったときは、スティーブン・グールド教授の言葉を思い出してほしい。二〇〇二年五月に亡くなったグールドは、ハーバード大学で動物学と地学を教えていた。彼は、著書『フルハウス　生命の全容』（ハヤカワ文庫）のなかで次のように書いている。「おそらくほかのどの分野よりも多くの知的エネルギーが、株式市場のトレンドを見つけることに、そして利用することに費やされてきた。理由は明らかで、私たちのカルチャーである通貨で大金をかけているからだ。しかし、この市場というシステムに安定的に打ち勝つ方法を、世界有数の知能をもってしても、だれも見つけることができていない。この事実は、おそらくトレンドが起こる原因は存在せず、一連の出来事は実質的にランダムだということを示しているのだろう[5]」

次は、さらに有名な投資神話について考えていく。これは、株式市場のボラティリティに対処するための最善策は、あらかじめ決めた期間（例えば、一年間、毎月一日）に定期的に同額を投資していくこと、つまりドルコスト平均法というものだ。

第26章　ドルコスト平均法

「ある命題が真実だと考える根拠が何もないとき、それを信じるのは望ましくない」――バートランド・ラッセル（イギリスの哲学者、数学者、歴史学者）

　神話とは昔から伝えられてきた物語で、多くは神や英雄の行動を元にして、自然現象や文化的習慣を説明するためのものと定義できる。私が受ける質問の数の多さから言うと、最も人気のある神話は、いわゆるドルコスト平均法（ＤＣＡ）だと思う。これは、株のボラティリティに対処するための最善策はあらかじめ決めた期間（例えば、一年間、毎月一日）に定期的に同額を投資していくという方法である。広く受け入れられている習慣の多くがそうであるように、これも予想ができない高ボラティリティの世界では、株価が高いときも安いときも買っていくのがよいという常識的な考えに基づいている。

ドルコスト平均法の問題は、投資家が一時的に大金を手にしたときによく起こる。そうなると、彼らはそれを一回で投資するか、それとも時間をかけて投資するか迷う。同じ問題は、投資家が弱気相場に直面してパニック売りをするときにも起こる。しかし、ここで二つの疑問がわく。投資家は、安全に再度仕掛ける時期をどうやって決めるのだろうか。そして、仕掛けるときは一回ですべきだろうか、それともドルコスト平均法にすべきだろうか。

学術的に考えれば、このどちらが勝てる戦略かという質問の答えは昔から決まっている。ザ・ジャーナル・オブ・ファイナンシャル・アンド・クアンティテーティブ・アナリシス誌の一九七九年六月号に、シカゴ大学のジョージ・コンスタンティナイド教授が「ア・ノート・オン・ザ・サブオプティマリティー・オブ・ドル・コスト・アベレージング・アズ・アン・インベストメント・ポリシー（A Note on the Suboptimality of Dollar Cost Averaging as an Investment Policy）」[1]という論文を寄稿した。コンスタンティナイドはこのなかで、ドルコスト平均法は一回で投資するよりも劣る戦略だということを示した。そして、このことは、一九九二年にジョン・ナイトとルイス・マンデルの「ノウバディ・

ゲイン・フロム・ドル・コスト・アベレージング（Nobody Gains from Dollar Cost Averaging : Analytical, Numerical and Empirical Results）[2]」という論文でも確認された。ナイトとマンデルは、ドルコスト平均法とバイ・アンド・ホールド戦略を比較したあと、リスク回避派から積極派まで投資家のタイプごとに戦略を分析し、次のように書いている。

証券会社がドルコスト平均法を推奨する理由は二つある。まず、彼らは価格が安いときにより多くの株を買い、高いときに少なめに買うことができるので、リターンが上昇すると主張する。二つ目に、ドルコスト平均法はタイミングが悪い一括投資を阻止することで、投資家の効用を高めると主張する。しかし、私たちの結果はどちらの主張とも矛盾している。……私たちは三つの異なる比較方法を使って、ドルコスト平均法はほかの二つの手法よりも有利な点は一つもないことを証明した。私たちが行った数値的な試行と経験的証拠は、グラフ解析の結果と一致し、どれもドルコスト平均法よりも、最適なリバランスとバイ・アンド・ホールド戦略を支持している。

ガースタイン・フィッシャー社が二〇一一年に発表した論文「ダズ・ドル・コスト・ア

ベレージング・メイク・センス・フォー・インベスター？（Does Dollar Cost Averaging Make Sense for Investors?）」は、ドルコスト平均法について別の見方を提供している[3]。著者たちは、まず「ドルコスト平均法はいつ機能しないのか。それは、価格が上昇しているときだ。市場が上昇していれば、買うたびにコストは高くなる。一方、この戦略は市場が下げているときはうまく機能する。買うたびに前よりもコストは安くなっているからだ」と述べた。それならば、どちらの可能性が高いのだろうか。S&P五〇〇は一九二六年一月～二〇一〇年一二月に月ごとで見ると六〇％がプラス、年ごとで見ると七〇％がプラスのリターンだった。二〇二二年まで更新しても、それぞれ六三％と七三％がプラスだった。つまり、勝率を高めたければ、答えは明らかである。

著者たちは次に、ドルコスト平均法と一括投資（LSI）について一九二六年～二〇一〇年のバックテストを行った。トレードコストは無視しているので、トレード数が多くなるドルコスト平均法には有利になる。ポートフォリオは最初は一〇〇万ドルの現金から始めて、S&P五〇〇のみに投資した。

●ドルコスト平均法は、最初の資金の一二分の一を月初めの取引日に投資するため、一二カ月で一〇〇万ドルを投資することになる。

●一括投資は、一日で一〇〇万ドルを投資する。

この研究では、二〇年間の結果をローリング期間で七八一回調べている。そのうち、一括投資がアウトパフォームしたのは五五二回で、全体の七〇％を超えていた。そのうえ、ドルコスト平均法がアウトパフォームした約三〇％の期間も、アウトパフォームした幅は一括投資のほうが大きかった。具体的には、一括投資がアウトパフォームした五五二回の二〇年間の累積額の平均は一〇〇万ドルの投資額に対して九四万〇三〇一ドルで、ドルコスト平均法がアウトパフォームした二二九期間のそれは七六万九三一一ドルだった。

著者たちは、さらに二つの戦略のパフォーマンスについて二〇〇一〜二〇一〇年の一〇年間についても調べた。一二カ月の結果をローリング期間で一〇九回調べると、一括投資が七〇回（六四％）ドルコスト平均法をアウトパフォームした。また、パフォーマンスの差は平均一・三％だった。

残念ながら、たくさんの証拠があっても、投資家やアドバイザーがドルコスト平均法を勧めるのをよく耳にする。彼らは、証拠について知らないか、単純な理論を分かっていないかのどちらかだ。株には常にリスクプレミアムがあるため（株の期待リターンは債券よりも高い）、常識的には一回で投資したほうがよい。残念ながら、多くの投資家だけでなく、多くのファイナンシャルアドバイザーも論理や証拠に基づいた判断をするわけではない。実際、投資判断において胃（感情）のほうが頭（論理）よりもはるかに大きな役割を占めていることはよくある。

どちらがマシか

これまで見てきた証拠や論議にかかわらず、ドルコスト平均法を避けるルールには一つ例外がある。その日が次の千年紀まで超えられないような高値になると確信して「思い切って一回で投資できない」場合は、苦肉の策としてドルコスト平均法を選ぶことになる。恐怖は人をマヒさせる。買うのが遅れて市場が上昇すると、高くなった価格で買うのは難しい。その一方で、市場が下がれば、恐れていた弱気相場になったと思うとやはり買うのは難しい。一度買わないと決めたら、次に買う判断をどのように下せばよいのだろうか。

このジレンマには解決策があり、論理と感情の両方に対処できる。投資家は一回で買うための事業計画書を作成する。この計画には、定期的に投資するスケジュールを含める。いくつか例を挙げておこう。

●資金の三分の一は即座に投資し、次の三分の一を次の二カ月か、次の二回の四半期の間に投資する。
●四分の一を今日投資し、残りを次の三回の四半期に均等に投資する。
●六分の一ずつを六カ月連続で投資するか、六分の一ずつを二カ月おきに投資する。

スケジュールを書き終えたら、それに署名する。もしアドバイザーがいるならば、その人に市場がどう動こうともその計画を実行するよう指示する。そうしなければ、メディアの見出しで相場のカリスマの予想を見るたびに、計画に従えなくなってしまうからだ。

計画どおりに行動したら、あとは「コップに半分も入っている」という前向きな考え方をしてほしい。もし最初の投資をしたあとに市場が上昇したら、ポートフォリオのパフォーマンスを喜ぶ。また、投資を遅らせなかったことも良かったと思える。しかし、もし市場が下落したら、このあと安く買える機会があることを喜び、一回で買わなかったのは賢かったと思える。そうすれば、どちらにしても、心理的に勝つことができる。結果を見るときに、感情が重要な役割を果たすことは分かっているため、自分の心理について考えておくのは重要なことである。

教訓

段階的に仕掛けるのが正しいと確信したときは、ぜひ「最初に部分的に投資したあと、市場には上がってほしいのか、それとも下がってほしいのか」を自問してみてほしい。論理的な答えは、将来、さらに安く買うために下げることが望ましい。

次は、あなたの投資の決断にどんなに自信があっても、常に実際のパフォーマンス結果を優先させるべきだということの重要性について見ていこう。

第27章　パスカルの賭けと賢い判断

「パスカルの賭け」とは、フランスの哲学者のブレーズ・パスカルが提案したもので、理性によって神の存在を決定できなくても、神が存在するほうに賭けるべきだというものである。なぜならば、存在しないほうに賭けた場合、生き方によって結果が大きく違ってくるからだ。ウィリアム・バーンスタインは、ジョナサン・クレメンツの『ザ・リトル・ブック・オブ・メーン・ストリート・マネー（The Little Book of Main Street Money）』のまえがきに次のように書いた。「もし神が存在しないならば、敬虔な信者が失うのは淫行禁止と飲酒禁止と教会の退屈な礼拝くらいしかない。しかし、もし神が存在するならば、無神論者は地獄で永遠に焼かれることになる[1]」

パスカルの賭けが投資と金融判断に何の関係があるのだろうか。パスカルはこの例を使って、リスクをとる前に自分の選択が間違っていた場合の結果を注意深く考える必要があることを示している。パスカルの賭けは、金融判断を下すときの助けになる。具体例を見ていこう。

資産配分

もし裕福な生活ができるのに十分な資産を持っているならば、パスカルの賭けに似た状況に直面する。あなたは、資本を温存するためにリスクの高い資産への配分を減らすこともできるし、資産をさらに増やすためにリスクの高い資産への配分を増やすこともできる。株のようなリスクの高い資産への配分が多いと、さらに資産が増える可能性はあるが、確実ではない。そして、ある金額を得た喜びとそれと同じ金額を失った痛みは、失ったときの痛みのほうが二倍以上強く、ほとんどの人にとってお金持ちから貧乏人になるのは耐え難いことも、多くの人は知っている。つまり、最低限の富を蓄えたら、ポートフォリオの中心は質が高い債券にすべきである。パスカルが示したように、リスクのなかにはとる価値がないものもある。二〇〇八年のリーマンショックではこの教訓を多くの投資家が学び、新型コロナウイルス感染症危機と二〇二二年に株と債券がともに二桁下落したときに、再びそのことを学んだ。

自分のポートフォリオについてどちらに賭けるか決めるときは、ナシーム・タレブの言葉と洞察について考えてみてほしい。「どの分野でもパフォーマンスは結果ではなく、代替案（例えば、歴史が違う展開になった場合）のコストで評価すべきである。このような別の展開は代替歴史と呼ばれている。もちろん判断の質は結果のみで評価できるものではないが、そう主張するのは失敗した人たちだけのように見え、成功した人たちは自分の判断の質が高かったからだと考える[2]」

生命保険を買う判断に、パスカルの賭けの話がどのように応用できるかを見ていこう。

生命保険を買うかどうか

子供が生まれたばかりの若い健康なカップルがいるとする。彼らには住宅ローンがあり、四〇一kの口座に少額の資産があり、マネー・マーケット・アカウントには六カ月分の生活費がある。二人は、生命保険に入るかどうか迷っている。二人とも、どちらかが近い将来に死ぬ確率は、一〇〇分の一以下だと思っている。つまり、もし生命保険に入っても、自分たちの資金で保険会社を潤す可能性が高い気がしている。彼らはどうすべきだろうか。パスカルが答えを教えてくれる。もしどちらかが死んだ場合、残った妻か夫と子供に十分な生活ができるだけの資産が残せないということは考えたくない。つまり、確率から言えば生命保険に入るべきではなくても、入ることが賢い判断と言える。繰り返しになるが、判断は単に確率に基づいて行うべきではない。

似たような例として、長期介護保険のケースを見ていこう。

長期介護保険

六五歳を超える人の六〇％以上が何らかの長期的な介護サービスを必要とすると推定されている。そして、メディケア（米高齢者・身障者対象の公的健康保険制度）や民間の健康保険は、着替えやトイレ介助といった多くの人が必要とする長期的な介護サービスをカバーしていない。しかし、長期介護は生活設計において必須のツールなのに、しばしば見過ごされている。長期の介護保険に加入するかどうかを決めるときに、パスカルの賭けがどのような助けになるだろうか。拙著『ジ・オンリー・ガイド・ユー・ウィル・エバー・

図表27-1

長期介護のシナリオ	ポートフォリオで生活水準を維持できるか
介護保険に加入せず、介護も不要	94%
介護保険に加入したが、介護は不要	91%
20年介護保険に加入、５年の介護が必要（85～90歳）	83%
介護保険に加入せず、５年の介護が必要（85～90歳）	74%

ニード・フォー・ザ・ライト・ファイナンシャル・プラン（The Only Guide You'll Ever Need for the Right Financial Plan）』から次の例について考えてみよう。

スミス夫妻はともに六五歳で、六〇〇万ドルの金融資産を持っている。モンテカルロシミュレーションを行うと、彼らのポートフォリオは、二人とも長期介護が必要なければ、彼らの望むライフスタイルを維持できる可能性が高い。しかし、もし二人のどちらかか、両方がかなり長期の介護が必要になれば、二人の資金はかなり苦しくなったり、もしかすると枯渇したりする可能性が高い。そこで、モンテカルロシミュレーションを行うと、長期介護保険のコストを支払っても、二人の生活を維持できる確率が大きく下がるわけではないことが分かった（**図表27－1**参照）。

長期介護保険に加入した場合の影響

もし保険が必要にならなくても、介護保険のコストによって十分な生活ができる確率は九四％から九一％への三％しか下がらない。しかし、長期の介護が必要になっても保険がなければ、資金が枯渇する確率は九四％から七四％への二〇％も下がる。これは保険に加入した場合の三％の約七倍である。保険に加入することが賢い判断だということは、明らかだろう。

この教訓は、ほかの種類の保険（障害、洪水、地震、個人賠償責任などの保険、特に、比較的安価な包括保険）にも応用できる。

次は、ＴＩＰＳ（米国物価連動国債）や名目債を買う判断について見ていこう。

ＴＩＰＳか名目債か

もし長期の名目債を保有しているならば、デフレになったり、インフレが予想を下回っても儲かる。しかし、もしインフレが予想を超えると損失が出て、ポートフォリオは望む生活水準を維持するだけの十分な収入が得られなくなる可能性がある。一方、ＴＩＰＳならばどちらでも儲かる。もしインフレ率が高くなれば、ＴＩＰＳのリターンもそれに合わせて上がる。そして、デフレになっても、満期になれば額面どおり支払われるのでやはり得をする。ここでも判断結果に基づいて確率を考えるべきで、ほとんどの場合はＴＩＰＳが賢い選択になる。

アクティブ運用かパッシブ運用か

インデックスファンドやそれ以外のパッシブ運用ファンドを買えば、市場のリターンをたいていは少ない経費で得ることができる。しかし、アクティブ運用ファンドを買うと、市場を超えるパフォーマンスを得る可能性はあるが、市場をアンダーパフォームするリスクも受け入れなければならない。投資家の多くはリスクを回避したいし、損失の痛みは利益の喜びよりもはるかに大きいことを考えると、パスカルの賭けがパッシブ投資を選ぶという賢い判断に導いてくれる。

どちらを選ぶか決めるとき、アクティブファンドはほとんどが市場をアンダーパフォームし、アウトパフォームしたものにもランダムな期待値を超える継続性はなかったことを示す学術研究が助けになる。さらに言えば、ベンチマークに打ち勝った数少ないファンドの超過リターンは平均的に少なめで、ベンチマークをアンダーパフォームしたファンドの不足リターンは平均的にかなり大きい。ぜひパスカルの賭けの考え方で決めてほしい。

企業の株を持つ

投資家はみんな一つのバスケットにたくさんの卵を入れるのはリスクが高い投資なので、それを避けるにはポートフォリオの資産を分散すればよいと知っている。それでも、企業の幹部や長年勤務している社員の多くが資産のかなりの部分を自社株に配分してしまっている。私はこれまで、資産の八〇～九〇％を自分が勤める会社の株で保有している人をたくさん見てきた。これが正しい判断なのかパスカルの知恵を借りよう。

二つの結果について考えてみよう。一つ目は、その会社が好調なケースだ。その場合、社員はたくさんの株を持っていてもいなくてもうまくいく。昇給やボーナスや出世だけでなく、場合によってはストックオプションや株式報酬などもあり、見通しは明るい。二つ目は、会社の業績が悪いケースで、そうなると危機は二倍になる。ポートフォリオが破滅的な損失を被るだけでなく、社員としても解雇されたり、会社自体が倒産したりするかもしれない。ここでも、判断結果に基づいて確率を考える必要がある。

パスカルの賭けが賢い金融判断の助けになるケースはほかにもたくさんある。例えば、低金利の環境で投資家が追加的な現金収入を求めて通常以上の信用リスクをとることにしたとする。しかし、元本を失えば、それを回復させるために高いリターンが必要になるため、パスカルの賭けの考えは良くないと言うだろう。あるいは、同じ投資家がタームプレミアムを得るために通常よりも満期の長い投資をしようとするかもしれない。しかし、それはより高いインフレリスクをとることになる。

教訓

私は五〇年にわたり、さまざまな金融リスク（金利、信用、外国為替、投資、保険など）を管理したり、それについて助言したりしてきた。そのなかで、パスカルの賭けの考え方が私や私が助言している人たちの多くの間違いを阻止し、そのなかには間違ったら復活できないほどの破滅的なケースもあった。

次は、授かり効果が誤った投資判断を引き起こす経緯を見ていこう。

第28章　買い・保有・売りと保有効果

資産を「保有すべき」か「売るべきか」というリスク管理の問題については、私もよく質問を受ける。これから書くことが、この問題に正しい見方で対処する助けになるとうれしい。

次の立場になったつもりで考えてみてほしい。あなたはワイン愛好家で、新酒のワインを一本一〇ドルで何ケースか買い、ワインセラーで熟成させていた。一〇年後、そのワインを売ったディーラーが、今は一本二〇〇ドルになっていると教えてくれた。あなたはそのワインをもっと買うべきだろうか、それとも手持ちのワインを売るべきだろうか、それとも飲むべきだろうか。

このようなとき、何人かは売ろうとするが、さらに買おうとする人は少ない。ワインの価値が上がったことを受けて、特別なときに飲もうと取っておく人もいる。

売らないし、さらに買いもしないという判断は、経済的に見て合理的ではない。これは、「保有効果」として知られる影響を受けている。しかし、ワインをすでに所有し、自分の保有資産であることが、判断に影響すべきではない。もし今の価格でさらに買わないのならば、その価格で売るべきなのだ。そのワインを持っていなくて、今買わないのならば、あなたにとってそれは価値が低いものであり、売るべきなのである。投資でも同じことが言える。コストは別にして、今保有している資産を保有し続ける判断は、今買うという判断と同じと言ってよい。

保有効果が誤った判断につながるケースはよくある。例えば、この効果によって、投資家は今、保有していなかったら買うつもりがない資産、つまり、資産配分計画に合わないか、高すぎてリスク・リワードが見合わない資産を保有し続ける判断をしてしまう。

もしかすると、保有効果の最もよくある例は、相続したり、亡くなった配偶者が買っていた株や投資信託を売ることができないことだろう。私はこれまで「祖父がお気に入りで、一九五二年から保有していた銘柄だから売れない」「わが家で代々持っている銘柄だから売れない」「夫が四〇年働いた会社の株を売ることなんてできない」などという言葉を何回も耳にしてきた。また、ストックオプションや何らかの利益配分や退職金制度などで蓄積した株についても似たような傾向が見られる。

金融資産はワインのようなものだ。市場価格で買うつもりがないならば、売るべきである。株や債券や投資信託は人ではない。それ自体に記憶はないし、だれに買われたのかも知らないし、売った人を恨むこともない。投資資産は、それが今の資産配分計画に適している場合のみ保有する。つまり、所有するかどうかはその視点で決めなければならない。

保有効果を避けるためには、次のように自問するとよい。「もしこの資産を所有していないとして、自分の投資計画全体の配分を考えたときに、今、どれくらい買いたいか」。もしその答えが「買わない」か「今保有しているよりも少なく買う」ならば、その資産は売るべきだ。そして、同じことはワインでも、株でも、債券でも、投資信託でも言える。

これは簡単なことだ。コストは別として、今保有している資産を買うつもりがなければ、それは売るべきである。ただ、税制優遇口座で投資信託に投資している人は、トレードコストはゼロか無視できるくらい安くなっているが、課税口座ならば税金の影響も考える必要がある。

教訓

「保有効果に影響がある資産」を処分する判断を迫られていて、それにかなりのキャピタルゲインがかかる場合は、保有している株の一部か全部を好きな慈善団体に寄付する方法もある。もともと現金で寄付するつもりだった団体に金融資産で寄付すれば、キャピタルゲイン税を支払わずにすむ。あるいは、その株を慈善信託に入れてから売れば、税金はかからない。そして最後に重要なこととして、税金を払うよりも悪いことは、税金を払わないですむことだということを忘れないでほしい。私はこれまで税金を払いたくないばかりに大きな富を小さくしてしまった人をたくさん見てきた。

次は、人がよくやる行動の誤りによって起こる投資家の間違いについて説明する。

第29章　投資家の行動の原動力

私はバッキンガム・ウエルス・パートナースで三〇年間、金融と経済の調査責任者として勤務するなかで、多くの投資家が高くつく間違いを犯すのを見てきた。これらの間違いは、知識不足などさまざまな理由で起こる。しかし、それ以外に、投資家も人間であり、人間がよくやる行動の誤りによって起こるものもある。例えば、前述のとおり、人は自分のスキルを過大評価する傾向がある。そして、過大評価はリスクをとりすぎるなど、さまざまな間違いにつながる。そのような間違いを避ける助けになることを願って、よくある間違いを見ていく。このなかには、投資にリターン以上のものを求めることも含まれている。

エゴに駆られた投資

メア・スタットマンは行動ファイナンスをリードする学者で、著作『ホワット・インベスタース・リアリー・ウォント（What Investors Really Want）』[1]では投資家が犯すさまざまな高くつく間違いを紹介している。自分の金銭的なゴールに達する確率を上げたい人は、ぜひこの本を読んでほしい。彼は、投資家が投資にリターン以上のものを求めることについて、次のように説明している。「投資は仕事のようなもので、そこにはお金以上のメリットがある。投資は、トレーダー、金を貯めている人、ヘッジファンドのファンなど、私たちのアイデンティティーの一部で……私たちはそれを認めないかもしれないし、そもそも気づいていないかもしれないが、私たちの行動は私たちが投資というゲームにお金を出していることを示している。それが、トレードや投資信託の手数料や、株式市場の方向を教えてくれると謳うソフトウェアに支払うお金である」

スタットマンは、投資家のなかには大きなロゴが付いたロレックスやグッチのバッグを買うのと同じ理由で、ヘッジファンドに投資する人もいると言う。彼らは、それを裕福な人だけが手に入れることができるステータス的なものだと考えている。スタットマンは、ビジネスやファイナンスに関する著書があるジョン・ブルックスが一九七三年に書いた次の言葉も紹介している。「ヘッジファンドにとって排他性と秘密性は最初から極めて重要だった。ここに投資をすることで、その人の富と明敏さが認められるからだ」。スタットマンはさらに、ヘッジファンドは彼が言うところの「ステータスと洗練という分かりやすいメリットと、プライドと尊敬という感情的なメリット」を与えてくれると説明している。彼は、ヘッジファンドが最低投資額を引き下げたことに文句を言った投資家を見れば、バーナード・マドフがあれほど成功した理由や、金持ちがひどいパフォーマンスでもヘッジファンドに投資を続ける理由が分かるとも言っている。これはエゴに駆られた投資であり、その需要は「クラブのメンバー」になりたいという願望にあと押しされている。

平均を超えたい願望

ジョナサン・バートンは、著書『投資の巨匠たち』（シグマベイスキャピタル）のなかで、読者に次の質問を投げかけている。[2]

●自分は平均以上に人とうまくやっていけるか
●自分の運転は平均以上か

バートンは、平均的な人ならば、おそらくどちらもイエスと答えると書いている。実際、約九〇％の人は、この種の質問に肯定的に答えるという研究もある。もちろん、九〇％の人が平均以上に人とうまく付き合えたり、平均以上にうまく運転できるなどということはあり得ない。

平均の定義から言って、平均以上に人とうまく付き合えたり運転ができるのは全体の半分の人だけだが、多くの人が自分は平均以上だと思っている。自分の能力を過信することは、ある意味で非常に健全な証拠でもある。自信を持つことができ、人生でさまざまな経験に立ち向かっていくための前向きな枠組みを与えてくれる。しかし、残念ながら自分の投資スキルを過信することは、間違った判断につながりかねない。そして、同じことは、平均以上でありたいというあまりに人間的な願望についても言える。

スタットマンは、『ホワット・インベスターズ・リアリー・ウォント』のなかで、平均以上でありたいという願望がトレードのしすぎを招き、それがいかに高くつく間違いになるかを示している。

●アメリカのブローカーにある数千人のトレード記録を見ると、トレード数が最も多い群のリターンがインデックスファンドに投資している群のリターンを年率七％以上アンダーパフォームしており、トレード数が最も少ない群のリターンは〇・二五％しかアンダーパフォームしていなかった。つまり、トレード数が多いトレーダーは株のリスクをとってTビル並みのリターンしか上げていなかった。

ちなみに、これはアメリカだけの現象ではない。

●スウェーデンのブローカーにある何千人もの投資家のトレード記録を見ると、平均的にトレード数が多いトレーダーの損失は、その人の資産の約四％に上っていた。

スタットマンは、市場に打ち勝ちたい投資家のリターンが、市場とパッシブ投資家（例えば、インデックスファンドに投資している人）をアンダーパフォームするのは、前者は高く買って安く売る傾向があるからだと記している。次の例を見てみよう。

●投資信託を頻繁に買い替える投資家のリターンは、投資信託をずっと保有し続けている人と比べて、大型株のファンドならば約一％、小型成長株のファンドならば約三％、テクノロジーファンドならば一三％アンダーパフォームしている。

●ヘッジファンドを買い替えている投資家のリターンは、投資信託を買い替えている人たちと変わらず、ヘッジファンドをずっと保有し続けている人たちを約四％アンダーパフォームしていた。そして、最も高いリターンを上げたファンドに買い替えていった場合のリターンは年率九％もアンダーパフォームしていた。

これらの統計は、投資信託やヘッジファンドで市場をアウトパフォームした確率に、ランダムな期待値を超える継続性がなかったことは、学術研究の証拠を裏付けている。平均的な投資信託はリスク調整後のベンチマークを年率約一・五％アンダーパフォームしているが（税引き前）、平均的なヘッジファンドのリスク調整後リターンは、Tビルにも満たない。

自信過剰は大きな問題で、それによって自分自身をごまかす人もいる。真実があまりにも痛ましいため、自分をごまかして過剰な自信を保とうとするのだ。スタットマンは、次のような統計も紹介している。「アメリカ個人投資家協会のメンバーは、自分の投資リターンを平均三・四％過大評価しており、自分と平均的な投資家のリターンの差を五・一％過大評価している」

スタットマンは、自信過剰が非現実的な楽観主義にもつながると、ポートフォリオを分散するメリット（投資で唯一タダで手に入ること）を享受しないで、少数の銘柄に集中させてしまうことがあるとも言っている。[3]

問題のとらえ方

私たちが人として、または投資家として犯す間違いの多くは、問題のとらえ方に原因がある。ジェイソン・ツバイクの『あなたのお金と投資脳の秘密』[4]（日本経済新聞社）から次の例を見てみよう。

●妊娠した女性で、ダウン症の子供が生まれる確率が二〇％だと言われた人のほうが、「正常」な子供が生まれる確率が八〇％だと言われた人よりも羊水検査に同意しやすい。

スタットマンは、テニスの壁打ちの例を使って人が投資という「ゲーム」を間違えてとらえ、それが高くつく間違いにつながることを示している。壁打ちはボールが壁に当たるのを見てから最適な位置に動いて打ち返すことができる。しかし、投資はそれとは違い、相手はあなたよりもはるかにうまいプロで、ボールをどこに打ち返すかも教えてくれない。ただ、スタットマンはこうも言っている。「壁打ちのときと同様に、投資家は市場が相手でも打ち勝つつもりで臨むのは自然なことで、それは日々の生活ではおおむねうまくいくからだ。私たちは、壁打ちでテニスが上達するように、勉強し練習することで外科医や弁護士や教師などとして仕事の能力を身に付けていく。練習を重ねることで、正しくできるようになっていく」「人体に関する知識がほとんどなければ有能な外科医にはなれないし、法律の知識がなければ有能な弁護士にはなれない」。しかし、投資はまったく違う。投資先の会社に関する知識がほとんどなくても、有能な投資家になれる。自分の分野の知識がない外科医や弁護士は平均的な収入を得ることはできないが、株の知識がない投資家でもインデックスファンドを買えば、市場のリターンを得ることができる。平均的なファンドはベンチマークのインデックスファンドをアンダーパフォームしており、また平均的なアクティブ運用の投資家は単に市場のリターンを得ようとしているファンドをアンダーパフォームしているため、何も知らないでインデックスファンドに投資した人たちは全体の投資家の平均以上のリターンを得ていることになる。[5]

伝説の投資家と呼ばれるピーター・リンチはこのことについて次のように言っている。「個人投資家は、いわゆるプロと呼ばれる人たちがあらゆる点で有利だと思っている。しかし、それは大間違いだ。それよりも、インデックスファンドに投資したほうがうまくいく」[6]。ウォーレン・バフェットも同じことを言っている。「定期的にインデックスファンドに投資をすれば、何も知らない投資家がほとんどのプロをアウトパフォームできる」[7]

昔から「ポーカーをしていてだれがカモか分からなければ、それはあなただ」と言われている。これを市場に打ち勝とうとしている投資家に置き換えて考えてみよう。トレードは買い手がいれば必ず売り手もいるが、正しいのはどちらか一人である。トレードの大部分は機関投資家によるものなので、あなたがトレードする相手は大手ヘッジファンドや投資信託やそれ以外の機関投資家であり、個人投資家ではない。このように、市場に打ち勝つという問題を正しくとらえることができれば、だれがカモかも、なぜ個人投資家が市場をアンダーパフォームするリターンしか上げられないのかも簡単に分かる。

確証バイアス

投資家、例えば、あなたが犯す高くつく間違いの多くは、「確証バイアス」が起こしている。これは、情報の正しさに関係なく、自分の理解や仮定を確認する情報を好み、それに反する情報を無視する傾向である。その結果、人は選択的に証拠を集め、記憶から選択的に思い出し、バイアスをかけて解釈する。バイアスは、特に感情的に重要な問題や、確固たる信念がかかわるときに現れる。また、自分が保有しているポジションを正当化するために、あいまいな証拠でも裏付けとして解釈する傾向も見られる。バイアスがかかった検索結果や解釈や記憶は、「見解の相違」（同じ証拠を見ても極端に意見が異なる）、「信念の持続」（間違いを裏付ける証拠があっても、信念を曲げない）、「不合理的な初頭効果」（初期に見たデータをより重視する）、「錯覚相関」（二つの出来事や状況に誤った関連性を見いだす）などを説明するために使われてきた。

確証バイアスは個人的な信念を過信させ、反証があってもその信念を持ち続けたり、強めたりする場合もある。それは、特に、企業や軍隊や政府においては破滅的な決定につながることもある

メア・スタットマンは、著書のなかで確証バイアスについて次の例を挙げている。「自分が勝つ株を選ぶことができると信じている投資家は、常に自分が負けた記録には無関心で、勝ったときだけ記録して自分のスキルの証拠とし、負けたときは不当な証拠として記録しない」。また、彼は物理学者のロバート・パークの言葉も引用している。「人は自分をだますのがうまい。自分は答えが分かっていると確信しているから、醜いデータでみんなを混乱させたくないと思っている」。スタットマンは、彼が出会った投資家で、利食いはするが、損切りはしない人の話もしている。この投資家が、損失を「刈り取って」国と痛みを分かち合う（税控除によって）チャンスを無視してしまう理由は、利益は彼の銘柄選択の力を確認する証拠で、損失には遭ったことがないと考えているからである。彼の会計方法では、実現しない損失は損失ではないらしい[8]。

教訓

私たちは人として、あらゆるタイプの行動の誤りを犯す。だから、投資でも当然間違える。拙著『インベストメント・ミステークス・イーブン・スマート・インベスターズ・メイク・アンド・ハウ・トゥ・アボイド・ゼム（Investment Mistakes Even Smart Investors Make and How to Avoid Them）』では七七の間違いを紹介している。ただ、教訓は教えるのは簡単だが、学ぶのは難しいという残念な真実がある。今回の教訓は、賢い人たちは謙虚で、間違ったときにはそれを認めることができるということだ。実際、彼らは間違ったことで学び、今後の間違いが減ることを喜ぶ。また、彼らは自分と愚か者の違いは、同じ間違いを繰り返して違う結果を期待しないことだと知っている。

次は、金融の世界で最大級のアノマリーである投資家の配当に対する経済的に不合理的な嗜好について見ていく。

第30章　経済的に不合理な配当株を好む投資家

多くの投資家、特にキャッシュフローアプローチで支出を管理している投資家が現金配当を好むことは以前から知られている。しかし、伝統的な金融論の観点から言えば、この行動は異常と言える。配当と価格変動の関係をよく理解することで、利益の性質を適切に理解して、異常な嗜好からもたらされる悪影響を回避することができる。

金融論

一九六一年に発表された論文「ディビデンド・ポリシー・グロース・アンド・ザ・バリュエーション・オブ・シェア（Dividend Policy, Growth, And The Valuation of Shares）」のなかで、マートン・ミラーとフランコ・モディリアーニは、企業の配当政策は株のリターンとは無関係と主張をした[1]。彼らが説明しているとおり、少なくともトレードコストと税金を差し引く前ならば、配当で受け取る一ドル（それによって株価は一ドル下がる）と売却によって得る一ドルに変わりはない。このことは、あなたが一ドルの価値が一ドルだと信じているかぎり正しい。ちなみに、この理論に異議を唱えた人はまだいない。

さらに、過去の証拠もこの理論を裏付けている。共通の要因（サイズ、バリュー、モメンタム、利益率・質）へのイクスポージャーが同じ銘柄は、配当金を支払っても支払わなくても同じリターンを上げているからだ。ウォーレン・バフェットも二〇一一年九月にこのことを指摘している。バークシャーが自社株買いを発表したあと、現金配当を行わなかったとしてバフェットを非難した人たちがいた。そこで、彼は二〇一二年の株主への手紙に、自社株買いが株主にとって最善策である理由を説明した。また、現金配当を望む株主は、持ち株を売れば実質的に配当を生み出すことができるとも書いた。

理論や証拠やウォーレン・バフェットの説明があっても、多くの投資家が配当のある株を求める。その理由として、株価の大きな変動に対するリスクヘッジだと言われることもよくあるが、これは配当が株価の下落で相殺されることを無視している。配当はタダではないということだ。

現金配当と自作の配当を数字で考える

現金配当と自作の配当（株を売って配当＝利益を得ること）が同じであることを示すために、配当以外はまったく同じ二つの会社について考えてみよう。A社は配当金があり、B社はない。計算を簡単にするため、二社の株価は簿価と同じだとしよう。なお、そうではない場合でも結果は変わらない。二社の最初の株価は一〇ドルで、EPS（一株当たり利益）は二ドルだった。A社は一ドルの配当を支払い、B社は無配とした。ある投資家はA社を一万株所有し、一万ドルの配当を受けて支出を賄った。年末、A社の簿価は一一ドルになった（最初の一〇ドル＋利益の二ドル－配当の一ドル）。そして、投資家の資産は一一万ドル（一一ドル×一万株）＋一万ドル（現金配当）で一二万ドルになった。

次はB社に投資した人を見ていこう。簿価は今一二ドルになっているため（最初の一〇ドル＋利益の二ドル）、投資家の資産は一二万ドルの株と〇ドルの現金配当で一二万ドルになっている。この場合、支出に充てるために株を売って一万ドルの現金を手に入れる必要がある。そこで、八三三株を売って九九九六ドルを受け取る。売却によって持ち株は九一六七株になった。B社の株価は一二ドルなので、投資家の資産は一一万〇〇〇四ドル＋

九九九六ドルの現金ということになり、これはA社を保有している場合と同額になる。

二社の価値が同じことを示す別の方法は、A社を保有している人が配当を使わないで再投資した場合を考えてみよう。株価は一一ドルなので、配当の一万ドルで九〇九・〇九株買うことができる。つまり、持ち株の一万〇九〇九・〇九株×株価の一一ドルで、資産額はB社株で一二万ドル保有しているのと同じになる。

ちなみに、B社のほうが投資可能な資本が多いため、A社よりも少し高い成長率が期待できることは理解しておく必要がある。つまり、会社が資本コストに見合う収益を上げる前提で考えると、収益成長率の期待値が高ければ、少ない株数でも同じ利益が期待できる。

配当に基づいた戦略が最適でないことを理解する助けになる分析がもう一つある。

配当の説明力

過去二〇年において、金融の主力モデルはいわゆるカーハートの四ファクターモデルだった（四つのファクターは、ベータ、サイズ、バリュー、モメンタム）。このモデルは、分散ポートフォリオのリターンの差について大部分を説明できる（九〇％を大きく超える）。

もし配当がリターンに重要な役割を果たすならば、ファクターに配当が含まれていない四ファクターモデルがこれほどうまく機能するはずがない。実際、もし配当金が四つのファクター以上の説明力を持つならば、ファクターの一つになっているはずだが、そうはなっていない。このモデルが機能しているのは、四つのファクターの「負荷」またはイクスポージャーが同じならば、配当方針の有無にかかわらず、期待リターンは同じになるからだ。このことには重要な意味がある。アメリカ株の約六〇％とアメリカ以外の株の約四〇％は配当をしていない。つまり、スクリーニングに配当を含めた場合は含めない場合と比べ、分散度が大きく下がることになる。そして、四つのファクターのイクスポージャーが同じと仮定すると、分散度の低いポートフォリオは期待リターンが上昇しないのに、リターンのばらつきが大きくなる可能性があるため、効率性が下がる。

税金

配当を好むことについて特に不思議なのは、課税対象の投資家が現金が必要なときは、株を売って自作の配当を得るほうが有利だからだ。支払われた金額に対して課税される配当と違い、持ち株を売れば利益分のみが課税される。しかも、もし売却によって損失が出れば、税控除のメリットもある。税の優遇措置がある口座でも、賢い戦略として世界に分散しているのならば、配当金にかかわる外国の税額控除には価値がないため、キャピタルゲインのほうが有利になる。そして最後に、配当が必要な支出額以上であれば、その「超過」額に対する税金の時間的価値だけでなく、配当が投資家の税区分を上げてしまう可能性を考えても、配当を受け取らないトータルリターンアプローチのほうが有利と言える。

配当を好む傾向には、ほかにもマイナス要素がある。

分散

アメリカ株の約六〇％とアメリカ以外の株の約四〇％には配当がないため、配当を条件としたスクリーニングを行うと、含めない場合よりもはるかに分散度の低いポートフォリオになる。そして、分散度の低いポートフォリオは、期待リターンが上昇しないのに、リターンのばらつきが大きくなる可能性があるため、四つのファクターのイクスポージャーが同じと仮定しても効率性が下がる。このようなマイナス効果を考えると、配当を優先するのは異常なことだと言える。行動ファイナンスの分野では、このような異常な行動を説明する試みが行われている。

配当嗜好を説明する試み

行動ファイナンスの分野をリードするハーシュ・シェフリンとメア・スタットマンは、一九八四年に発表した論文「エクスプレイニング・インベスター・プレファランス・フォー・キャッシュ・ディビデンド（Explaining Investor Preference for Cash Dividends）」[2]のなかで、現金配当を好む行動異常について次のように説明している。

二人は、まず支出を管理する能力に注目し、投資家は満足を先送りできないという問題を認識しているのかもしれないと説明している。この問題について、二人は支出にキャッシュフローアプローチ、つまり支出を投資ポートフォリオの金利収入と配当収入のみに限定する方法を勧めている。自作の配当金を使うトータルリターンアプローチでは、浪費をやめたくても誘惑に抵抗できない人の葛藤には対処できない。一方、配当を優先すると、税金面で最適ではないかもしれないが、行動上の問題に対処できる点では合理的と言える。

言い換えれば、投資家は支出を先送りしたいと思っていても、自分には無理だと分かっているならば、浪費を制限することで衝動を減らす状況を作り出すことができる。

二つ目の説明は、プロスペクト理論に基づいている。この理論は別名「損失回避」と言われているが、人の利益と損失の価値に対する評価は違うとしている。そのため、人は期待損失ではなく期待利益に基づいて判断を下す。つまり、もし二つのまったく同じ選択肢でも、一方は潜在利益を示し、他方は潜在損失を示していると、前者を選ぶ傾向がある。同様に、配当は株を売る必要がないため、株を売って配当を得るトータルリターンアプローチよりも好まれる。株を売ると、損を実現することになる可能性があり、それは痛みを伴うからだ（損失回避）。しかし、そう考える人は、現金配当は売却によって利益が出ようが損失が出ようが、市場の動きに関係なく、その金額分の株を売るのと同じであることに気づいていない。どちらも同じことなのだ。違うのは問題のとらえ方だけで、実態ではなく形しか見ていない。現金配当を受け取っても、それと同額の株を売っても、最終的にその株に投資している額は変わらない。ただ、配当ならば株数は多いが、株価は配当の分だけ下がり、自作の配当ならば、株数は少ないが配当がないので、株価は高くなる。

二人の著者が指摘しているように、「高配当の株を買うと、多くの投資家は期待収入に基づいて自分が賢いと感じる。彼らは、この潜在利益が超付加価値だと感じている。もし株価が買値を下回っても、配当がコストに対するリターンをもたらすと自分を慰める」。二人は、もしこの株を売って利益が出れば、投資家はそれを「超付加価値」だととらえるとも指摘している。しかし、もし損失が出ると、彼らは配当を「慰め」となる希望の光だととらえる。投資家の頭には損失のほうがずっと長く残ることを考えると、彼らは損失の実現を避けるために現金配当を選ぶ。

シェフリンとスタットマンは、三つ目の説明として、後悔回避についても書いている。彼らはまず、二つのケースを提示している。

一．六〇〇ドルの配当を受け取って、それでテレビを買う。
二．六〇〇ドル相当の株を売って、そのお金でテレビを買う。

どちらかの方法でテレビを買ったあと、株価が大きく上昇したとする。あなたは一の場合と二の場合のどちらでより後悔するだろうか。現金配当と自作の配当の効果はまったく同じため、どちらかでより後悔する理由はない。しかし、投資家の行動に関する研究で、多くの人が株を売った場合により後悔することは確認されている。つまり、後悔回避の傾向がある投資家は、現金配当を好む。

さらに、シェフリンとスタットマンは行動をしなかったときよりも行動をしたときのほうが、後悔が大きいとも説明している。株を売って配当を得る場合、現金を作る決断をしなければならない。しかし、支出に配当金を使えば、何も行動を起こさなくてよいため、後悔も小さくなる。繰り返しになるが、このことも、現金配当を好む理由を理解する助けになる。ただ、配当を好む傾向は、投資家のライフサイクルのなかで変わっていく可能性があるとも言っている。前述のとおり、自己統制理論を使ってポートフォリオからのキャッシュフローのみを使って支出し、元本には手を付けないという考え方もある。しかし、労働資本から収入を得ている若い投資家ならば、高配当の戦略は貯蓄の切り崩し（資本からの支出）につながる可能性があるため、低配当のポートフォリオを好むかもしれない。一方、労働収入がない引退した投資家もやはり資本は切り崩したくないため、高配当戦略を好むかもしれない。実際、証券口座に関する研究でも、年齢と配当嗜好には高い相関関係が確認された。

現金配当を好む傾向は、投資家が「合理的」な判断を下すとする伝統的な経済理論では説明できないアノマリーではあるが、衝動買いをしたくなるような自己統制の問題に直面した投資家は、多少のコストはかかっても行動的リスクを回避できるならば、現金配当を好む戦略は合理的だと考えるかもしれない。

教訓

理論と過去の証拠の両方が、配当もキャピタルゲインと同様に利益源の一つにすぎず、配当すれば株価が構造的に下がることを示している。それでも、多くの投資家が二つの利益をまったく違うものと感じているので、リターンの低下とリスクの増大という悪影響を生み出している。ただ、シェフリンとスタットマンは、配当を使ってしか支出を制限できない投資家にとって、それで行動を統制できるならば、より大きな悪影響を回避できる場合もあると説明している。

次は、リスクと不確実性の違いを説明する。

第31章　投資における不確実性

「頭脳明晰な数学の天才でも、将来に何が起こるかは分からない。結局、大事なことは不確実性のなかで質の高い判断を下すことだ」――ピーター・バーンスタイン（ジャーナル・オブ・ポートフォリオ・マネジメント誌［一九九九年秋号「弱虫とその結末」］）

投資で理解すべき最も重要な概念は、これがリスクと不確実性を扱っているということである。シカゴ大学のフランク・ナイト教授は『危険・不確実性および利潤』[1]（文雅堂銀行研究社）という名著を残した。オンライン図書館の「ライブラリー・オブ・エコノミクス・アンド・リバティー」によると、ナイトはリスクと不確実性を次のように定義している。「リスクは将来、あることが起こる確率を計算できるときに存在する。不確実性は将来、あることが起こるかどうか不確定か確率が計算できないときに存在する」[2]
あることが起こる確率は、正確に分かる場合もある。例えば、二つのサイコロを投げてある数になる確率は計算できる。一方、六五歳のカップルの少なくとも一人は九〇歳を超えても生きていることは、人口動態のデータに基づいてある程度推測できる。ただ、将来、医学が進歩して平均余命が長くなる可能性もあるし、新たな病気が出現して平均余命が短くなる可能性もあるため、正確な確率は分からない。また、一九七三年のようなオイルショックや、二〇〇一年の同時多発テロのようなことが起こる確率は分からない。それが不確実性という概念である。
リスクと不確実性という二つの概念の違いを理解しておくことは重要である。次の例について考えてみよう。ある保険会社が、フロリダ州のデイド郡とブロワード郡である程度のハリケーンのリスクについて検討しているとする。保険金は、例えば、一〇〇年分のデータに基づいてハリケーンが発生する確率と損害額を算出して決める予定になっている。しかし、これまでより多くのハリケーンが発生したり、これまで以上に激しいハリケーンに見舞われた場合、自社が倒産するような大きな賭けに出るのは愚かな保険会社だけだろう。これは、将来のハリケーンの発生確率が不確実であるという事実を無視している。将来は、過去の状況とは似ても似つかないかもしれない。

愚かな保険会社があるのと同様に、愚かな投資家もいる。投資家がよく間違えるのは、株をリスクとみなすことで、確率を正確に計算できるものだと考えてしまうことだ。この傾向は、景気が良いときに繰り返し起こる。自分の勝率を予測する「能力」を錯覚し、誤った自信を得た投資家は、自分のリスクをとる能力や意欲や必要性を超えて株を配分してしまう。

ちなみに、危機が起こると、株式投資に対する見方はリスクから不確実性に変わる。コメンテーターが「明確でない、見通しが立たない」などと言うのをよく耳にするが、投資家は不確実性が高い賭け（確率を計算できない）よりも、リスクの高い賭け（確率を計算できる）を好むため、彼らが市場の不確実性が高まったと感じると、より高いリスクプレミアムを求め、それが厳しい弱気相場につながる。

株価が急落すれば、いずれ投資家が「逃げ出したい」水準（「ただ座っていないで何かしろ、逃げ出すんだ」と胃が叫ぶ）に至り、パニック売りが起こることは過去に何回も明らかになっている。投資家は、市場が下落したあとに売り、上昇が始まってかなりしてから買うという残念な傾向がある。しかし、それをすると、せっかく投資した投資信託のパフォーマンスを大きくアンダーパフォームすることになる。

教訓

投資で成功するためのカギとなることがいくつかある。そのなかには、株式投資は常に不確実なものだということを理解しておくことや、株の資産配分が自分のリスク許容量を超えないようにすることの重要性が含まれている。正しく理解して間違いを避ければ、頭ではなく胃（感情）で判断するという間違いも避けられる可能性が高い。胃が素晴らしい判断を下すことはほとんどない。

次の第4部は、古くから語られてきた経済学者と効率的市場仮説の話と、より正確な更新情報から始めよう。

第4部　投資でも人生でも勝つ戦いをする

第32章　二〇ドル札

「最もよくある愚行は、明らかに真実でないことを熱烈に信じることである」――H・L・メンケン

効率的市場仮説（EMH）を熱烈に擁護してきた金融経済学者に関する古い話がある。あるとき、彼が友人と歩いていると、友人が足を止めて言った。「見て、あそこに二〇ドル札が落ちているよ」。それを聞いた学者は言った。「そんなわけがない。もし二〇ドル札が落ちていたら、すでにだれかが拾っているはずだ」。このジョークを言うのは、市場が非効率的なので、価格のゆがみを利用すれば投資家は市場をアウトパフォームすることができると信じている人たちだ。つまり、二〇ドルの代わりに割安の株を探すことができる

ということである。ただ、この話は効率的市場仮説について誤解を招くものなので、次はもっと良いバージョンを紹介しよう。

効率的市場仮説を熱烈に擁護してきた金融経済学者が友人と歩いていると、友人が足を止めて言った。「見て、あそこに二〇ドル札が落ちているよ」。それを聞いた学者は言った。「今日はラッキーだ。早く拾わないと、だれかがすぐ拾ってしまう。市場はとても効率的だからね。ただ、二〇ドル札が落ちていることはめったにないからほかにもないか探すのはバカげている。もちろん、道に落ちているお金を探すのにかけた時間の価値を考えれば、この投資にメリットがあるとは言い難い。金属探知機で海岸を探査して金持ちになった人など聞いたことがない」。学者が話し終えて二人が地面を見ると、もう二〇ドル札はなくなっていた。

この話には、「ハリウッドバージョン」的なものもある。効率的市場仮説を熱烈に擁護してきた金融経済学者が友人と歩いていると、友人が足を止めて言った。「見て、あそこに二〇ドル札が落ちているよ」。それを聞いた学者は言った。「そんなわけがない。もし二〇ドル札が落ちていたら、すでにだれかが拾っているはずだ」。友人はすぐに二〇ドル札を拾って走り去った。この友人は、こんなに簡単にお金が手に入るならばこれで生活しよう決め、仕事を辞めると二〇ドル札を探すために世界中を巡った。一年後、学者が同じ通りを歩いていると、行方が知れなかった友人がみすぼらしい格好で道端に倒れていた。友人のひどい姿を見た学者は、急いで駆け寄って何があったのか聞いた。友人は、二〇ドル札は一枚も見つからなかったと言った。

最初のバージョンを語る人は、効率的市場仮説が二〇ドル札が落ちていることなどないと言っているわけではないことを理解していない。そうではなく、その可能性はかなり低いため、それを探す価値はないということである。つまり、探すコストのほうが利益を上回る可能性が高い。そのうえ、もし特定の場所で二〇ドル札がたくさん見つかることが知れ渡れば、多くの人が殺到するため、適切な「投資リターン」が上がる可能性は下がる。

効率的市場仮説は、二〇ドル札が道に落ちているようなアノマリーを見つけて、それを利用すること（割安の株を買ったり割高の株を空売りしたりすること）ができないと言っているわけではない。そうではなく、この理論の基本原則の一つは、競争の激しい金融環境ではうまく機能するトレード戦略を見つけても、その戦略を実行することで排除されていく限定的なもので、結局は機能しなくなるということである。アンドリュー・ローの適応的市場仮説は、効率的市場仮説は短期的には必ずしも成り立たないが、いずれはアービトラジャーが非効率性を利用することで、市場が修正することを認めている。[1] つまり、金融市場は長期的に見れば効率的になっていく。

ジョージア大学経済学部のドワイト・リー教授とジェームス・バーブラグ教授は、一九九六年に発表した論文「ジ・エフィシェント・マーケット・セオリー・スライブ・オン・クリティシズム（The Efficient Market Theory Thrives on Criticism）」のなかで効率的市場仮説の威力を次のように説明している。

効率的市場仮説は、その主張と現実の世界に深刻な矛盾が発見されるとより強力になるという実質的に唯一無二の理論と言える。もし明らかに効率的な市場のアノマリーが見つかれば、アノマリーを生じさせる行動やアノマリーに反応しないことは、より高いリターンを目指す投資家たちの競争のなかで排除されていく。例えば、金融的な裏付けはないが、株価が予想可能な季節性に従っていることが分かれば、この知識に基づいてパターンを利用しようとする行動自体がパターンを排除することにつながる。これはなかなか衝撃的である。効率的市場仮説で経験的な欠陥が見つかれば見つかるほど、この理論は堅牢になる。そして、効率的市場仮説が金融経済学を理解するための基本であり続けることに実質的に最も貢献しているのは、この理論の知的擁護者ではなく、経験に基づいて真剣に反論を挑んでいる人たちである。[2]

「一月効果」

次の例は、市場の効率性が異常な利益チャンスをいかに素早く排除するかを示している。ある投資家が、歴史的に一月は小型株のパフォーマンスが市場をアウトパフォームすること（道に二〇ドル札が落ちているようなこと）を発見したとする。このアノマリーを利用するためには、小型株が上がる前の一二月末に買う必要がある。この戦略がある程度成功すると、ほかの投資家もそのことに気づく。そして、いずれウォール街もこの戦略をマネて大金を賭けてくる。これに関する研究論文も発表されるかもしれない。すると、このアノマリーは最初の発見者以外にも知られることになり、この異常な利益を得るためにはみんなよりも早く買わなければならなくなる。そうなると、株価は一一月に上がり始める。しかし、それに気づいた投資家は、もっと早く買おうとする。

このように、アノマリーを利用すること自体がそれを消し去り、市場はさらに効率的になる。そのため、もしかってコストに見合う小型株の一月効果があったとしても、今はもう存在しない。

教訓

株式市場は完璧に効率的ではないかもしれない（二〇ドル札が落ちている可能性はある）が、そこで勝つための戦略は、効率的であることを前提に行動することである。このことについては、金融経済学者でポートフォリオ運用会社のロール・アンド・ロス・アセット・マネジメント代表のリチャード・ロールの言葉をよく聞いてほしい。「私自身も学者たちが考え出したあらゆるアノマリーや予想結果を使って自分と顧客のお金で投資を試みたことがあるが、市場の非効率性とされていることから儲けられたことはない。非効率性は利用できるチャンスではあるが、投資家が何度もシステム的に利用できないのであれば、株価に情報が適切に織り込まれていると言える。実際の投資戦略は、学術論文が主張するような結果は生み出さない[3]」

効率的市場仮説を投資戦略の基本として受け入れている投資家は、道に落ちている二〇ドル札を探すような無駄な時間を費やす必要がない。その代わりに、彼らは許容できるリスク（市場の共通ファクターへのイクスポージャー）をとり、少ない費用で市場リターンを得ていく。

次は、投資家の最大の敵は鏡のなかからあなたを見つめている人だという話をする。

第33章　投資家の最大の敵

「投資家にとって最大の問題であり、最大の敵になるのは自分自身である」――ベンジャミン・グレアム

ニューヨーク市で育った男子の多くがそうであるように、私も子供時代と一〇代の多くの時間をバスケットボールに費やした。私は運動神経が良く、大学一年でベンチメンバーになることができた。ただ、これは大したことではない。バルーク大学はディビジョン3に属し、私はほとんどベンチを温めていた。シーズンが終わるころには、プレーした回数よりもベンチのトゲでケガした回数のほうが多かった。私はバスケットボール以外にも野球、ソフトボール、アメリカンフットボールをかなりプレーした。しかし、私が育ったブ

ロンクスにはテニスコートが少なかったため、テニスをする機会はあまりなかった。

私は二五歳になると、サンフランシスコに引っ越した。そこでは多くの人がテニスをしていたので、私も始めた。運動神経が良かったこともあり、私はほどなくしてそこそこの週末プレーヤーになった（ランキング三・五）。ただ試合をすると、いつも自分よりも運動神経がなさそうな人に負けてイライラすることが多かった。特に、何十歳も上の人に負けるとひどくイライラした。それから二〇年くらいたって、私はやっと自分のほうが運動神経は良くても、彼らのほうがテニスはうまかったことに気づいた。そこには大きな違いがあった。

私はこの「啓示」を受けて、遅ればせながらテニス教室に入った。この教室では、週末に参加者が一時間、プロのテニス選手とプレーできる。私はこのプレー中に劇的に試合運びがうまくなるあることを学んだ。そして、このことは、テニス以外の戦いにおいても非常に参考になった。

多くの週末プレーヤーに言えることだが、私もバックハンドが苦手だった。あるラリーの最中に、プロは私のバックハンド側のコーナーに深く打ち込み、そのあとネットに出てさらにプレッシャーをかけてきた。そのとき私が打ち返した球は、驚くべきことに、素晴らしいパスショットになって相手のコート深くラインぎりぎりのところに入った。このショットを打ったあと、プロが私をネット際に呼んだ。きっと褒められると思っていた私にプロは「あのようなショットはあなたの最大の敵になりますよ」と言った。彼は、あれは素晴らしいショットだったが、私の実力ではうまくいく確率は高くない。しかし、決まったときの爽快感が忘れられずに、私はまた打とうとするが、残念ながらほとんどは失敗に終わるだろう。プロの彼ならばあのようなショットを九〇％くらいの確率で決めることができるが、私の場合は一〇％未満だと指摘した。そして彼は私に、素晴らしいショットを決めたいのか、それとも試合に勝ちたいのかと聞いた。私はそのときまで、すごいショットが勝ちにつながると思っていたが、プロはそうではないことを教えてくれた。

彼は、私のような週末だけのプレーヤーの試合で点が入るのは、相手が返せないようなショットを打ったときではなく、相手が素晴らしい球を打とうとしてネットに当たったり、遠くに飛ばしたり、ラインの外に落ちたりしてアウトになったときなので、素晴らしいショットで勝つ戦略は、いわゆる「敗者のゲーム」なのだと教えてくれた。そして、負けたのはプレーした人ではなく、採用した戦略のせいなのだとも言ってくれた。

プロは続けた。勝つための戦略を見つけるには、自分がどのような試合をしているのか理解する必要がある。プロとは違い、何回も素晴らしいショットを打てるわけではない私は敗者のゲームをしている。それよりも、アウトになる可能性が高い素晴らしいショットを狙うのはやめて、コートの真ん中を使って少しスピードのある球を安全に返すようにして、相手に敗者のゲームをさせればよいとプロは教えてくれた。この秀逸なアドバイスを聞いて、私はすぐに実行に移し、驚く結果を得た。かつては負けていた相手に、今ではほぼ勝てるようになったのだ。

テニスと投資にどんな関係があるのだろうか。単純に、継続的に勝つためには、勝つための戦略が必要ということである。個人投資家の多くとプロの多くは市場に打ち勝とうとする。彼らはそれを、市場がなぜか見逃している価格のゆがみ（価格が高すぎるか安すぎる証券）を見つけだすことによって達成しようとしている。また、タイミングを計ることで「割安」のときに買って、「割高」のときに売ろうとしている。このような戦略は「ポートフォリオのアクティブ運用」と呼ばれている。そして、私の素晴らしいショットと同じような確率で、アクティブポートフォリオマネジャーもたまには素晴らしいトレードをする。しかし、長期的に見ると、彼らが負ける（市場をアンダーパフォームする）可能性は、彼らが勝つ（市場をアウトパフォームする）可能性よりもずっと高い。ちなみに、テニスでアマチュアが勝つための戦略はプロのそれとは違うが、投資で勝つ戦略は個人でも機関投資家でも同じということは証拠が示している。

テニスで勝つ戦略は、敗者のゲームをしないことである。そして、投資で勝つ戦略も、やはり敗者のゲームをしないことで、あとはパッシブ運用ファンドに投資して市場リターンを受け取ればよい。

多くのプロの投資家がパッシブ運用のベンチマークを超える確率は、私がプロの取れないようなショットを打つ確率とほぼ同じである。このことについては、毎年発表されるSPIVA（S&Pのアクティブ対パッシブリポート）スコアカードをはじめとするたくさんの証拠がある。ちなみに、私が素晴らしいショットを打った日は、それが唯一のポイントだった。失敗の理由は、しっかりと球を返す（市場のリターンを受け入れる）のではなく、素晴らしいショットを打とうとする（価格のゆがみがある証券を探そうとする）ことにある。投資のプロがそれほど頻繁に失敗しているのに、あなたが成功する確率がどれほどあると言えるのだろうか。

このような圧倒的な証拠があるのに、なぜみんな負ける可能性が高い戦いに挑むのだろうか。私はこれには四つの理由があると思っている。①投資教育の失敗と、ウォール街や金融メディアの多くが証拠を隠そうとしていることで、投資家はこれらの証拠を知らない、②証拠は、アクティブ運用は希望が知恵と経験に勝ったことを示しているが、希望は永遠に湧き出てくるし、ほんの一握りの成功している人たちがいるのも事実である、③アクティブ運用はワクワクし、パッシブ運用は退屈である、④投資家は自信過剰、ただしこれは人間にとっては普通のことで、それは投資に限ったことではない。投資家は、市場に打ち勝つのが難しいことを分かっていても、自分こそはそれができる数少ない一人だと思っている。

シカゴ大学のリチャード・セイラー教授とイェール大学のロバート・シラー教授は次のように書いている。「個人投資家やマネーマネジャーは、自分ならばほかの人たちよりも多くの優れた情報を持っているので、銘柄選択で利益を上げることができると信じている[1]」。九〇%の人たちが、自分は平均を上回っていると思っている。この洞察は、個人投資家が市場をアウトパフォームする株を選択したり、マーケットタイミングを見極めたり、ベンチマークに打ち勝つ数少ないアクティブファンドを選択できると信じている理由を説明する助けになる。バンガードでさまざまなインデックスファンドと一つのアクティブファンドを運用してきたガス・サウターは、次のような洞察を披露している。「私もこの業界のみんなと同じように、自分が市場をアウトパフォームできる数少ない選ばれた一人だという尊大なエゴを持っていた」[2]

自信過剰に関する最も面白い例は、メンサ投資クラブかもしれない。ただ、彼らにとっては面白いはずがない。なにしろ結果を見るとベアーズタウン・レディース投資クラブ（六人の主婦が始めた投資クラブ）がウォーレン・バフェットのように見えるからだ。メンサは知能指数が上位二％の人しか入れないクラブで、優れた投資利益を上げる知的能力に自信を持つ人がいるとすれば、彼らだろう。

スマートマネー誌の二〇〇一年六月号によると、過去一五年のメンサ投資クラブのリターンはわずか二・五％で、S&P五〇〇を年率約一三％アンダーパフォームした。[3] 三五年の投資経験があるウォーレン・スミスは、最初に投資した五三〇〇ドルが九三〇〇ドルになったが、S&P五〇〇に投資していれば約三〇万ドルになっていたはずだと言っている。メンサのある会員は、彼らの戦略を「安く買ってさらに安く売る」と表現した。メンサ会員たちは自信過剰で、自分たちの優れた知的スキルがあれば優れた投資リターンを上げることができると信じていた。自信過剰は時に高くつくことになる。

メンサ投資クラブの例は、金融史家で作家でもあるピーター・バーンスタインの洞察の英知を示している。「投資理論の本質は、金持ちになるためには賢いだけでは十分ではないということである」[4]。「十分ではない」というところを強調したい。

投資家は、ウォール・ストリート・ジャーナルのコラムニストのジョナサン・クレメンツの言葉に耳を傾けてほしい。「市場に打ち勝つなどという発想はバカげている。そんなことができる人はほんのわずかなのに、驚いたことに何百万人もの投資家が経験よりも希望を信じて挑み続けている」[5]。自信過剰は、この行動を説明している。投資家はたとえその難しさを理解していても、自分は高い確率で成功できると信じている。作家で個人金融のジャーナリストでもあるジェームス・スマルハウトは、次のように言っている。「心理学者は、ホモサピエンスが自分の能力と成功見通しを過大評価することをずっと以前から記録している。これは株に投資する亜種に、特によく当てはまり、それが過剰なトレードにつながっている」[6]

ゲーリー・ベルスキーとトーマス・ギロヴィッチの名著『賢いはずのあなたが、なぜお金で失敗するのか』（日本経済新聞社）は、次のように結論付けている。

金融業界で、プロではない個人とほとんどのプロでポートフォリオをアクティブ運用しようとする人たちは、おそらく自信過剰になっている。言い換えれば、特定の株や債券、あるいはアクティブ運用の投資信託や不動産信託やリミテッドパートナーシップに投資をするほど自分の能力と知識に自信を持っている人は、自分を欺いている可能性が高い。実際、そのような人の多くは（おそらくあなたも）、投資をスポーツとして行うならよいが、仕事として行うべきではない。このような人たち（しつこいようだが、おそらくあなたも）は、数種類のインデックスファンドの投資信託に分散して、CNBCは見ないようにすればよい[7]。

パッシブ投資が勝者のゲームである理由と証拠をいくつか紹介してきたので、あなたの知恵と経験が希望と自信過剰を上回ることを期待している。ただ、もしまだ納得していないのならば、次のことも考えてみてほしい。資本市場で利益を得ている会社の収益は、年間一五〇〇億ドルを超えている。これは、市場が提供するリターンのうち、あなたのポケットから金融仲介業者に移る金額とも言える。また、この金額は、一年間の株式市場と債券市場全体がもたらすリターンの二％に達することもあると言われている[8]。作家のロン・ロスの金言についても考えてみてほしい。「ウォール街の人たちは、市場に打ち勝とうとする以外に生活費を稼ぐ方法を思いつかない。しかし、それは彼らの問題で、あなたの問題ではない。株式アナリストが生活できるかどうかはあなたの責任ではない。ウォール街で合理的と言われていることは、たいてい投資家としてのあなたの利益にはならない[9]」

教訓

もしアクティブ投資という敗者のゲームをプレーするつもりならば、利益を得ることになるのはおそらくあなたのアドバイザーと、ブローカーやディーラーと、あなたが投資するアクティブ運用の投資信託やポートフォリオのマネジャーと、ニュースレターの発行者と雑誌とあなたが購読している格付けサービスだけだ。

次は、弱気市場は必要悪として見るべきだという教えについて書く。

第34章　弱気相場は必要悪

「軍隊が小さければ、社会の自然な力のほうが圧倒する。その場合、市民は軍に保護を求めたり、弾圧に屈したりしたことがないため、兵士を愛することも恐れることもない。市民は軍隊を必要悪として警戒しつつも黙認しているが、自分たちの権利を侵害する可能性があれば抵抗する準備はできている」――アレクサンダー・ハミルトン（論文集『ザ・フェデラリスト』）

「必要悪」は、不快な必要性と定義することもできる。不快または望ましくないが、結果を達成するために必要なものもある。例えば、税金がそうだ。そして、投資家は弱気相場も必要悪だと考えるべきである。では、説明しよう。

現代の金融理論で最も基本的な原則は、リスクと期待リターンは関連性があるということかもしれない。私たちは、株が一カ月物国債（無リスクのベンチマークとして使われている）よりもリスクが高いことを知っている。それでもリスクが高い株に投資するのは、より高いリターンが期待できることが唯一の理論的な説明と言ってよいだろう。しかし、もし株が常に一カ月物国債よりも高いリターンをもたらすならば（期待が常に実現するならば）、株への投資にはリスクがないことになり、リスクプレミアムもなくなる。しかし、実際には一九二六〜二〇二二年の九七年のなかの二六年（二七％）で、S&P五〇〇はマイナスリターンを記録した。しかもその間に、S&P五〇〇が新型コロナ危機（二〇二〇年二月一九日〜三月二三日）のマイナス三四％を下回った時期が四回もあった。

- ●一九二九年一月〜一九三二年一二月　マイナス六四％
- ●一九七三年一月〜一九七四年九月　マイナス四三％
- ●二〇〇〇年四月〜二〇〇二年九月　マイナス四四％
- ●二〇〇七年一一月〜二〇〇九年二月　マイナス五一％

つまり、投資家がこれほど大きな損失を被ったという事実こそが、株価に大きなリスクプレミアムを与えている。一九二六～二〇二二年に、S&P五〇〇のリスクプレミアムは、一カ月物国債よりも年率複利で八・二%、年率で六・九%高かった。もし投資家が被った損失が少なければ、リスクプレミアムも低くなっていただろう。言い換えれば、株に対する投資家のリスク認識が低ければ、投資家は株により高い価格を支払う。そして、PER（株価収益率）が高ければ、将来のリターンは低くなる。

大きな下落が珍しくないことは、一九五〇～二〇二二年にS&P五〇〇が一カ月で一〇%以上下落した月が八回あったことからも分かる。最大の下落だったのは一九八七年一〇月のマイナス二一・五%で、八回の平均はマイナス一三・六%だった。ちなみに、下落後の三カ月、六カ月、一二カ月のS&P五〇〇のリターンはそれぞれ二・八%、五・五%、一四・七%だった。パニック売りで計画を中断した投資家はこの素晴らしいリターンを逃しただけでなく、いつ買えば安全なのかという極めて難しい判断に直面した。これもマーケットタイミングの難しいところで、正しい判断を一回ではなく二回しなければならない。

結局、弱気相場は私たちが経験してきた株の大きなリスクプレミアムを生み出すために必要になる。つまり、もし投資家が株に高いリターンを求めるならば、耐えるのは辛いが、弱気相場は必要悪ということになる。この理論は、小型株投資のリスクにも適用できる。

小型株

私たちは、小型株のリスクがS&P五〇〇の構成銘柄よりも高いことを知っている。そのため、市場は小型株がより高いリターンを提供できる価格にしている。一九二七～二〇二二年に、小型株（ファーマ・フレンチ・リサーチ・インデックス）のリターンは年率一四・三％で、S&P五〇〇よりも四・二％も高かった。しかし、小型株が常にS&P五〇〇をアウトパフォームしているわけではない。もしそうならば、S&P五〇〇よりもリスクが低いことになり、リスクプレミアムもなくなる。実際の例を見てみよう。

●一九六九～一九七四年　小型株がS&P五〇〇を二三・七％アンダーパフォームした（マイナス四二・四％とマイナス一八・七％）
●一九八六～一九九〇年　小型株がS&P五〇〇を四六・六％アンダーパフォームした（五二・五％と五・九％）

●一九九四～一九九八年　小型株がS&P五〇〇を六五・四%アンダーパフォームした（一九三・九%と一二八・五%）
●二〇一七～二〇二〇年　小型株がS&P五〇〇を六八・三%アンダーパフォームした（八一・四%と一三・一%）

小型株に投資するリスクを示すさらなる証拠がある。小型株がS&P五〇〇を年率四・二%アウトパフォームしたとしても、ボラティリティもはるかに高く、年間の標準偏差はS&P五〇〇よりも五〇%も高かった（二八・一%と一八・七%）。

リスクプレミアムと投資の規律

結局、株のパフォーマンスが短期国債よりも高かったり、小型株のパフォーマンスがS&P五〇〇銘柄よりも高くても、それはいわゆる「フリーランチ」ではなく、リスクを伴う。そして、リスクがときどき顕在化するのはほぼ間違いない。だれかが弱気相場から守ってくれると思いたいが、低パフォーマンスの期間がいつ、どのくらいの期間、どのくらい深刻になるのかは神のみぞ知ることで、だれもそれは分からない。

そして、この低パフォーマンスの期間に投資家の規律が試される。残念ながら、ほとんどの投資家が、自分が投資する株式市場全体や投資信託を大きくアンダーパフォームしていることを証拠は示している。理由は、投資家が過去の成功に頼っているからだ。直近効果（長期的な証拠よりも直近の出来事を重視する）によって、昨日の勝ち組に便乗しようとして高く買い、昨日の負け組から逃げ出そうとして安く売る。彼らが買うことができるのは明日のリターンだけなのに、昨日のリターンを買えると思っているようだ。

このような結果を招く理由はいくつかある。一つ目は、投資家の判断に感情が影響を及ぼすからである。強気相場では、強欲と羨望が勝ってリスクが見過ごされる。また、弱気相場では恐怖とパニックが勝って、考え抜いた計画でさえ感情のゴミ箱行きになるかもしれない。

二つ目の説明は、投資家がリスクが必然的に現れたときの自分の対応能力を過信していることである。彼らは、自分が二〇％や三〇％や四〇％の損失だけでなく、五〇％の損失にも耐えて計画を順守できると思っている。しかし、投資家が自分の投資能力を自分の運転技術と同じくらい過信していることは、証拠が示している。ほとんどの人が自分の運転は平均以上だと思っているという研究結果を思い出してほしい。

三つ目の説明は、多くの投資家が可能性が高いこと（株のリターンが短期国債をアウトパフォームする）と確実なこと、あるいは可能性が低いこと（厳しい弱気相場）と不可能なことを同じように見てしまうことである。その結果、彼らは適切な水準以上のリスクをとる。そして、リスクが必然的に現れたとき、「強制的に」売ることになる。

投資で成功するカギ

「計画なくして成功なし」という古い格言がある。つまり、投資で成功するための最初のカギとなるのは、よく練った計画を立てることで、そのなかには投資リスクの性質を理解することも含まれている。また、弱気相場を避けられないこととして受け入れ、計画に組み込む必要がある。これは、メディアが経済見通しが暗いことばかり伝えて、計画を順守するのが難しいときでも、計画を順守する規律を持つことでもある。計画を順守するうえで特に難しいのは、ただ買って保有し続けることだけではない。ポートフォリオをリバランスして、望む資産配分を維持するようにする必要がある。しかし、そのためには弱気相場で株を買い、強気相場で株を売る必要がある。そして、このことが成功の二つ目のカギにつながる。

学術研究は、ポートフォリオのほぼすべてのリスクとリターンはポートフォリオの資産配分で決まるとしているが、投資家の実際のリターンは、資産配分の内容よりも、その配分を維持できたかどうかによって決まっている。そこで、成功の二つ目のカギは、自分の能力（投資期間と収入の安定性で決める）と意欲（リスク許容量）と必要性（目的を達成するために必要なリターン率）以上のリスクをとらないことである。過度のリスクをとらないようにすれば、計画を順守できる可能性が高くなり、多くの投資家を苦しめる高く買って安く売るパターンを避けることができる。

成功の三つ目のカギは、マーケットタイミングが敗者のゲームだということを理解することである。マーケットタイミングについては、伝説の投資家であるウォーレン・バフェットの次の言葉を注意深く聞いてほしい。

●「行動しないことは私たちにとって知的な行動[1]」
●「株の予想をする人たちの唯一の価値は、占い師を素晴らしく見せること[2]」

●「私たちは寝ているときのほうが活動しているときよりもたくさん稼いでいる」[3]
●「私たちがじっとしているのは、株式市場は行動する人から忍耐強い人に資金を動かす移転業者のようなものだと思っているから」[4]

バフェットはさらにこうも言っている。「ずっと昔、アイザック・ニュートンは運動の三法則を発見した。これは天才的な業績である。しかし、彼の才能も投資では意味をなさなかった。彼は南海泡沫事件で大金を失い、のちに『天体の動きは計算できるが、人の狂気は計算できない』と語った。もしこの損失がトラウマにならなければ、彼は運動の第四法則――投資家全体で見たとき、運動が増えるとリターンは減る――を発見したかもしれない」[5]

もしかすると、バフェットのマーケットタイミングに対する見方は次の文が最もうまく言い表しているのかもしれない。

過去三五年で、アメリカ企業は素晴らしい成果を上げた。投資家も、簡単に多くのリターンを上げられたはずだ。彼らは安い費用で分散してアメリカ企業に便乗さえすればよかったのだ。彼らがすべきだったのは、それまで手を出さなかったインデックスファンドを買うことだった。しかし、多くの投資家の結果は平凡から悲惨までさまざまだった。主な理由は三つある。①トレードしすぎや投資運用会社に高く払いすぎたことによる高コスト、②企業を思慮深く定量的に評価せず、聞いた話や流行に基づいた判断、③スタート・ストップ・アプローチで、しばらく上昇したあとタイミング悪く仕掛け、しばらく停滞したり下落したあとタイミング悪く手仕舞ったこと。投資家は、興奮とコストは敵だということを覚えておいてほしい。どうしてもタイミングを見て株を仕掛けたいならば、みんなが強欲になっているときは恐怖し、みんなが恐怖しているときは強欲な行動をするべきだ。[6]

バフェットも書いているように、投資は単純だが簡単ではない。単純なところは、目的地に着くまで封書に張り付いている安い切手をまねて勝つ戦略に従うだけでよいことで、投資家は目標額を達成するまで自分の資産配分を守ればよい。しかし、簡単でないのは、ほとんどの投資家にとって、感情――強気相場における強欲と羨望や弱気相場における恐怖とパニック――のコントロールが難しいからだ。実際に弱気市場は、胃が弱い人や投資計画を立てていない人から、下落時の対応を含めたよく考え抜かれた計画を持ち、それを順守する規律がある人に、資産が移る仕組みになっている。

教訓

弱気相場は必要悪で、これが存在するからこそ株式市場は大きなリスクプレミアムを提供し、投資家にとっては高いリターンを得るチャンスになっている。しかし、弱気相場については投資家が理解すべき重要なポイントがもう一つある。投資家としてキャリアを積んでいる時期ならば、弱気相場を必要悪としてだけでなく、良いこととしてとらえるべきである。弱気相場は、自分の計画を順守する規律を持っている人たちには株を安く買うチャンスを与え、期待リターンを高めてくれる。弱気市場を恐れるべきは引き出す段階にある引退した人たちだけで、それは資金を引き出すとポートフォリオの価値を長期的に維持するのが難しくなるからだ。そのため、リスク許容量が低い投資家は、そのことも投資計画に組み込んでおかなければならない。

投資家にとって最も大事なことは計画を持つことで、もし計画を持っていないのならば、今すぐ作って、持ってほしい。そして、そのなかで必ず弱気相場になったときにとるべき行動を決めておいてほしい。そうしておけば、弱気相場が実際に起こってもストレスにさらされなくてすむ。計画は、投資方針と資産配分表として書面にし、署名しておく。そうすれば、強気相場や弱気相場で感情的な強い起伏があっても、計画を順守できる確率が高くなる。計画の変更は、自分の能力や意欲やリスクをとる必要性に関する想定が変わったときのみ行い、それ以外は計画を順守する。

次は、ＣＮＢＣに登場する投資のカリスマであるジム・クレーマーの推奨株を検証し、いわゆる市場の専門家の投資アドバイスがいかに価値のないものかを学んでいく。

第35章　マッドマネー

「もし投資が楽しいならば、分散していないか、トレードしすぎているか、リスクをとりすぎている可能性が高い」――グレゴリー・ベア、ゲーリー・ゲンスラー著『ザ・グレート・ミューチュアル・ファンド・トラップ（The Great Mutual Fund Trap）』

毎年、何百万人もの人がラスベガスを訪れる。カジノは、ほんの少数のプロのギャンブラーを除くと、運試しに挑もうとする観光客であふれている。彼らは、ハウス側のオッズが有利だと分かっていても勝ちたいと望みながら、負けることも理解している。ギャンブルで損をして支払うことになるお金は、実質的に娯楽の対価と言える。もちろん、カジノの娯楽には、テーブルで行うゲームやルーレットだけでなく、素晴らしい歌手やコメディアンやマジシャンやシルク・ド・ソレイユのような壮大なショーも含まれている。それに素晴らしいレストランもある。

多くの観光客は、苦労して稼いだお金をカジノで使うつもりで来ているが、ギャンブルタブレットに貯蓄をつぎ込むのは賢くないことも分かっている。彼らは、娯楽と投資を分けて考えている。しかし、家に帰ってみると、必ずしもそうはなっていない。

元ヘッジファンドマネジャーのジム・クレーマーは、投資業界では有名人だ。彼は二〇〇五年三月に始まった「マッドマネー」というCNBC屈指の人気番組で矢継ぎ早に投資のアドバイスを繰り出している。二〇〇五年九月、バラエティ誌は「ジム・クレーマーが司会を務める自由奔放な投資番組が、第3四半期にCNBCの午後六時の『パフォーマンス』を一四一％上昇させ、ゴールデンタイムの最高視聴率を上げている[1]」と報じた。しかし、彼のアドバイスに従った投資家のパフォーマンスは上がったのだろうか。

ほかの金融娯楽番組の出演者と違い、クレーマーは実際にテレビで推奨した株の多くに投資するポートフォリオを運用している。二〇〇一年八月に約三〇〇万ドルで運用を始めたポートフォリオのAAP（アクション・アラート・プラス）は、クレーマーのメディア企業、ザストリートの目玉になっている。この企業はクレーマーの金融アドバイスを販売しており、数百万人に上る購読者はポートフォリオで行うトレードを、事前に知ることができる。

二〇〇五年三月に「マッドマネー」が放送を開始したとき、AAPポートフォリオは慈善信託に転じた。配当やそれ以外の現金分配金は慈善団体に寄付する方針を採用し、クレーマーはこのポートフォリオの共同マネジャーに就任した。このAAPポートフォリオの過去のパフォーマンスを、ジョナサン・ハートリーとマシュー・オルソンが二〇一八年に発表した論文「ジム・クレーマーズ・マッドマネー・チャリタブル・トラスト・パフォーマンス・アンド・ファクター・アトリビューション（Jim Cramer's Mad Money Charitable Trust Performance and Factor Attribution）」が検証している。[2] この論文では、AAPポートフォリオが組成された二〇〇一年八月一日から二〇一七年一二月三一日について検証し、そのトータルリターンが、組成以降と番組開始以降の両方においてS&P五〇〇のトータルリターンをアンダーパフォームしていることを確認した。具体的には、AAPの組成以来のトータルリターンが九七%（年率四・一%）で、S&P五〇〇の二〇四%（年率六・八%）をアンダーパフォームしていた。また、全期間のAAPのシャープレシオ（リスク調整後リターン）も〇・一六で、S&P五〇〇の〇・三二の半分にすぎなかった。

そして、この結果は、それ以前の研究結果とも一致している。

そのほかの証拠

ザ・ジャーナル・オブ・インベスティング誌二〇一二年夏号に掲載されたポール・ボルスターとエマリー・トラハンとアナンド・ベンカテスワランの論文「ハウ・マッド・イズ・マッド・マネー？（How Mad is Mad Money?）」は、クレーマーの買いと売りの推奨を二〇〇五年七月二八日～二〇〇八年一二月三一日について検証した。[3] また、彼らはその推奨に基づいて運用するポートフォリオを構築し、インデックスファンドと比較した。

この研究では、一五九二回の明確な買い推奨と七〇〇回の明確な売り推奨を使って、均等加重のポートフォリオを構築した。そして、平均的な個人投資家が売買できる価格で検証するため、翌日の終値で売買し、買った株は、売り推奨が出るまでポートフォリオで保有した。そして、ベータ、サイズ、バリュー、モメンタムなどのファクターで調整してポートフォリオの絶対リターンを算出した。その結果は次のようになった。

●クレーマーが買いを推奨した翌日は、株価が異常だが統計的に有意な一・八八%のリターンを記録するため、投資家の関心を集める。

●推奨株のリターンは、番組放映日（〇・三八%）とその前の三〇日間（三・九%）の両方ともプラスで有意だった。

●しかし、推奨日後のリターンは、二日目～五日目（マイナス〇・三三%）と二日目～三〇日目（マイナス二・一%）の両方ともマイナスで有意だった。ちなみに、推奨日後の三〇日間のリターンは有意ではない。

結局、この期間にクレーマーが推奨した株のモメンタムはプラスとマイナスの両方だった。彼の推奨は株価に影響を及ぼしたが反転も速く、これは、番組の視聴者が急いで買ったことによる価格圧力と一致している。

一方、クレーマーの売り推奨も株価に影響を及ぼしたが、やはりすぐに反転した。

●彼の推奨が市場に伝わった日の動きはマイナスで（マイナス〇・七三%）、異常だが統計的に有意だった。ちなみに、その前の三〇日間もマイナスで（マイナス三・二四%）、統計的に有意だった。これも、クレーマーがモメンタムに基づいて推奨していることを示唆している。

●買いの場合とは違い、売り推奨後一日目～五日目（マイナス一・二二％）と一日目～三〇日目（マイナス三・一一％）の動きはマイナスのままで、有意だった。

全期間で見ると、クレーマーが推奨した株のポートフォリオは七・三％下げ、八・七％下げたS&P五〇〇よりも若干良かった。言い換えれば、ここに銘柄選択スキルの証拠はない。彼の選択した株は良くも悪くもなく、結局、彼の推奨は娯楽にすぎなかった。

この研究の結果は、二〇〇五年五月にジョセフ・エンゲルバーグとキャロライン・サセビルとジャレド・ウィリアムスの論文「イズ・ザ・マーケット・マッド？　エビデンス・フロム・マッド・マネー（Is the Market Mad? Evidence from Mad Money）」の結論とも一致している[4]。彼らは、クレーマーが株を推奨すると、出来高が急増することが多いことを確認した。例えば、最小四分位の株では、推奨日の翌日の出来高がほぼ九倍多くなり、それが約三日間続いた。需要の増加によって最も影響を受けやすい小型株は一晩で五％上昇し、無作為に抽出した二四六銘柄でも約二％上昇した（二〇〇五年七月二八日～二〇〇五年一〇月一四日で調査）。

残念ながら、この上昇は結局は一時的なものだった。例えば、最小四分位の銘柄は、一二日以内で完全に反転した。放映直後の利益は、結局はマーケットインパクトコストになっただけだった。言い換えれば、コストを除くとクレーマーの推奨銘柄は、買い推奨に飛びついた素人投資家にとってはマイナスの価値にしかならなかった。

しかし、市場は非常に効率的なので、ほかのタイプの投資家はクレーマーの推奨の恩恵を受けた可能性がある。例えば、推奨株が上昇すると、空売りの売買代金も増えていた（下落することに賭けている）。推奨日の翌日の寄り付きから数分で、空売りの売買代金はその株の通常の七倍近くまで増え、その水準が三日間続いていたのだ。だれが空売りしているのだろうか。おそらくヘッジファンドがだまされやすい個人投資家を食い物にしていたのだろう。そして、この空売りが、市場を効率的に保つ助けになっている。

さらに、著者たちはクレーマーの推奨した株が推奨日の三日前から超過リターンを上げていたことも確認した。これについては、二つの説明をしている。①クレーマーは短期モメンタムがある株を推奨していた（いくつかの証拠はあるが、コストを引けばこのモメンタムを利用するのは難しいか不可能）、②クレーマーが推奨する株の一部に関する情報が、テレビの放映時間よりも前（取引時間内）に彼のラジオ番組（毎日放送している）やウェブのコラムで公開されていた。

もう一つ、「ショーティング・クレーマー（Shorting Cramer）」という研究も見ておこう。二〇〇七年のバロンズ紙のコラムによると、この論文はクレーマーが推奨した一三〇〇銘柄を検証し、推奨銘柄はそれまでの二年間で株価が一二％上昇していた。ちなみに、同時期のダウ平均は二％上昇し、S&P五〇〇は一六％上昇していた。[5]

この研究は、知性が非常に高いだけでは（クレーマーの場合は楽しませることもできる）、市場で高いパフォーマンスを上げる十分条件にはならないことを明らかにしている。理由は単純だ。市場には多くの非常に知的なマネーマネジャーがいて、彼らが価格探索行動をすることで市場は極めて効率的な状態を保っている（つまり、市場価格が適正価格の最も信頼できる推定値）。そのため、アクティブマネーマネジャーがリスク調整後リターンで市場をアウトパフォームする可能性は低い。

クレーマー自身は、彼らしい結論を二〇〇七年のニューヨーク誌に書いている。「理由は神のみぞ知るが、このようなバカげたことにも市場はあるらしい[6]」

最後にもう一つ紹介したい論文がある。CXOアドバイザリー・グループのおかげで、クレーマーのマーケットタイミングスキルに関する洞察を得ることができた。[7]CXOは、株式市場の専門家（自称または他称［金融メディアなどからそう呼ばれている］）が信頼できるマーケットタイミングの助言をしているかどうかを調べた。

彼らは、二〇〇五～二〇一二年にアメリカ株に関して、六八人の専門家（その一人がクレーマー）が公開した六五八四回の予想について調べた。予想は、テクニカル分析やファンダメンタルズ分析やセンチメント系の指標に基づいている。調査で集めた予想は、すべてインターネットで公開されていたもので、なかには一九九八年までさかのぼるものもあった。彼らは、公開アーカイブをウェブ検索し、正確さを確保するために十分な市場条件における十分な予測を集め、強気派と弱気派の両方の専門家を選んだ。

調査は、アメリカの株式市場の予測と該当期間のS&P五〇〇を比較して行ったが、あいまいすぎる予測や株式市場のリターン以外のデータを考慮する必要があるものは除外した。また、予測期間が独自のタイミングを指定していないかぎり、カリスマたちのコメントの頻度（週ごと、月ごとなど）を予測期間に合わせて判断した。ここで重要なのは、彼らがS&P五〇〇の長期リターンを対象としたことだった。例えば、もしあるカリスマが「投資家は今年のアメリカ株では強気になるべき」と発言したときに、同期間のS&P五

○○がほんの二～三％しか上昇せず、長期リターンの年率のほうがはるかに高ければ、その予測は間違いだと判定した。最後に、彼らは正しい部分と間違った部分の両方を含む複雑な予測については、正しいと間違いの両方でカウントした（半分正しい、半分間違いではなく）。

ＣＸＯの調査結果をまとめておく。

●すべての予測の精度はコイン投げの確率よりも低い四七％弱だった。
●カリスマの予測の平均は約四七％で、クレーマーは六八人のカリスマのなかで三九位だった。
●カリスマの予測精度の分布はベル曲線に非常に近かった。つまり、ランダムな結果の期待値に近かった。ここからスキルが存在するかどうかを判断するのは難しい。

もちろん、なかにはまずまずの予測をした人も二～三人はいたが、それはランダムな期待値でもある。ちなみに、六八人のカリスマのなかでスコアが六〇％を超えたのはわずか五人で（最高は六八％）、一二人は四〇％を下回った（最低は二二％）。予測に基づいた戦

図表35-1　カリスマの予測精度のヒストグラム

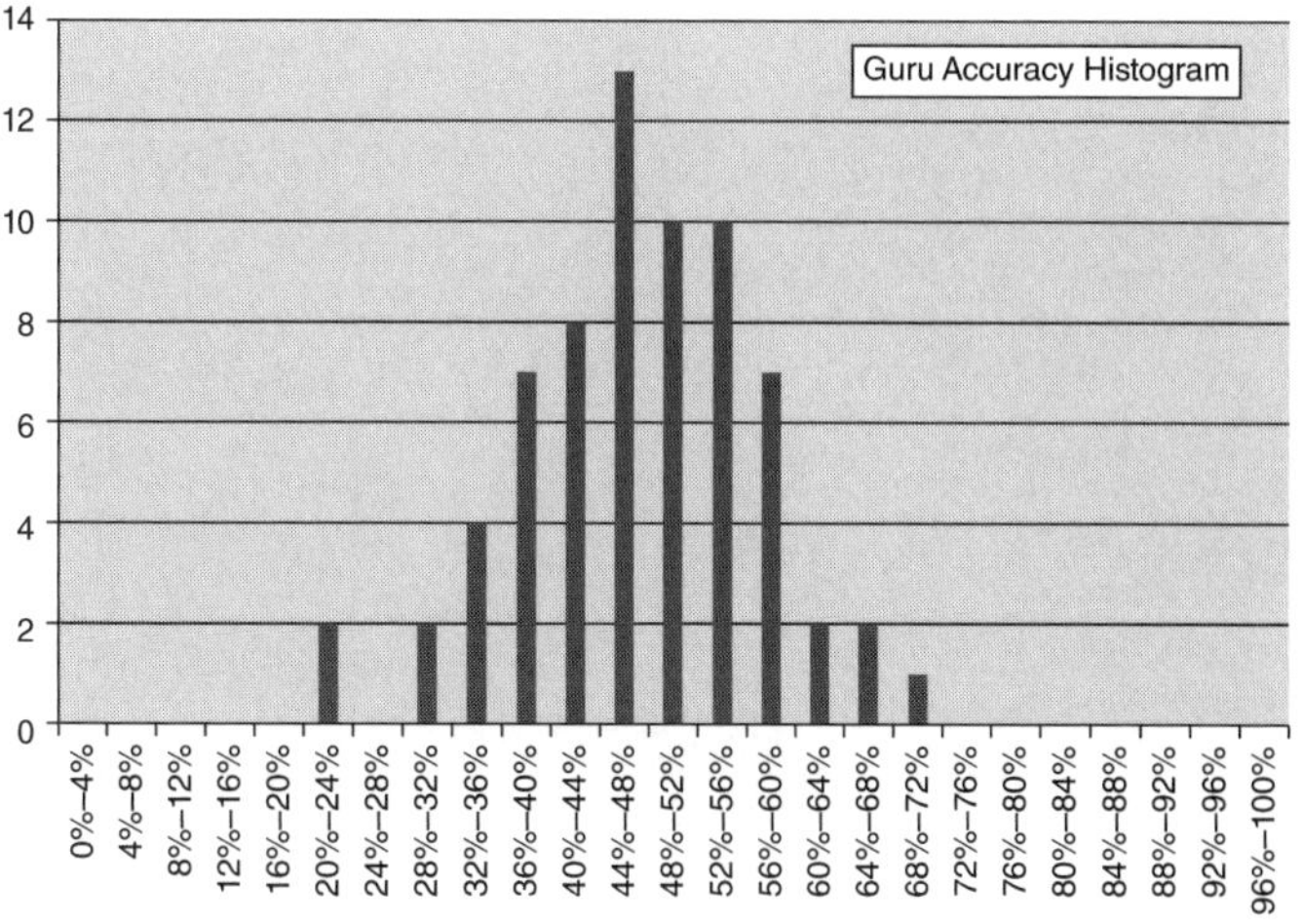

略はタダで立てることができるが、それを実行すればコストがかかるということを覚えておいてほしい。

調査の結果は、経済成長、金利、通貨、株式市場、個別株の選択のどれをとっても、カリスマは天気予報士の評価を上げるだけの存在でしかないことを示している。次にカリスマの予測が気になったときは、これを思い出してほしい。予測は無視するのが得策である。

教訓

ここでは、ラスベガスで娯楽のためのお金を貢ぐのはよいが、ウォール街に投資のためのお金を貢いではならないということを学んでほしい。クレーマーは娯楽を提供しているかもしれないが、彼の推奨に従う人たちは、より洗練された機関投資家に毛を刈られるために連れていかれる子羊のようなものである。

CNBCもクレーマーも投資を娯楽化しようとしているため、視聴者は関心を引かれてしまう。彼らは、あなたの行動が彼らの利益になることを忘れてほしいと願っている。しかし、投資はけっして娯楽ではない。そうではなく、投資は目標額を達成するために最小のリスクで最大のチャンスをとる行動であるべきだ。投資家は実際には「ノイズ」(クレーマーもたくさん生み出している)にすぎないことに注意を引かれてトレードすることで、平均的に自分を傷つけていることを示す研究もある。そこで、賢い戦略は良く練った計画を立て、それを順守する規律を持ち、市場のノイズはそれがジム・クレーマーからでもそれ以外の預言者からでも無視することに尽きる。フォーブス誌の発行者であるスティーブ・フォーブスは、二〇〇三年四月一五日にカリフォルニア大学ロサンゼルス校アンダーソン・スクール・オブ・マネジメントで公演して次のように語った。「アドバイスは従うよりも売るほうが儲かる。雑誌ビジネスでは、このことと読者の記憶が短いことを当てにしている」

次は、個人投資家が群衆心理、つまり「群衆の狂気」に影響されてしまうことについて書く。

第36章　ファッションと投資の愚行

「ファッションは、この世界の偉大な支配者だ。これは服装や娯楽だけでなく、法律、物理学、政治、宗教、それ以外のあらゆる重要なことに影響を及ぼしている。実際、ある時期には世界中で受け入れられるのに、別のある時期には世界中で拒否されることを、流行している・流行していない以外の理由で説明するのは、どんな賢人でも難しい」――ヘンリー・フィールディング（『真の愛国者（The True Patriot）』誌）

チャールズ・マッケイが一八四一年に刊行された『狂気とバブル』（パンローリング）のなかで書いているとおり、心理学者は長年、個人が群衆心理、つまり群衆の狂気に影響されてしまうことを知っていた。「群衆心理」は、みんなと同じようになりたい、行動や場面の一部になりたいという要求と定義できる。この心理は、ファッションの世界ならばスカートの長さやネクタイの太さにも見られ、明らかな理由もないまま流行したり廃れたりする。ただ、はやり廃りはファッションの世界に限らず、どんなことにもある。例えば、一九五〇年代には西部劇がテレビを席巻したが、今は一つも放映されていない。そのあとは、ホームコメディーが定番になった。今日では、リアリティ番組が増えている。流行はダイエットにもある。グレープフルーツダイエット、サウスビーチダイエット、低炭水化物ダイエットなどいくらでもある。

ファッションが社会的行動に影響を及ぼすのならば、それが投資行動にも影響を及ぼすと考えるのが理論的ではないだろうか。チャールズ・マッケイは、こう書いている。「どの時代にも特有の愚行がある。それは、お金が欲しい、もっとワクワクしたい、マネしたいなどといった欲求に駆り立てられて陥る計画やプロジェクトや空想である」[1]。前述のとおり、アイザック・ニュートンは、当時の南海バブルに巻き込まれて言った。「天体の動きは計算できるが、人の狂気は計算できない」[2]

普段は合理的に考える人たちが、投資になると群衆心理に影響されることがある。大きな潜在利益が強欲と羨望という人間らしい感情に働きかける。投資においても、ファッションと同様に、明らかな論理もなく、考えを大きく変える。ただ、スカート丈やネクタイの太さが変わっても資産に大きく影響することはないが、群衆の狂気に影響されて投資判断を下すと、銀行残高に壊滅的な影響を及ぼす。

投資の世界には、株の銘柄数よりも投資信託の数やヘッジファンドの数のほうが多いという非常に驚くべき統計がある。また、投資をサポートするアカウントマネジャーも何千人といる。しかし、なぜそれほど多くの運用会社やファンドが存在するのだろうか。それにはいくつか理由がある。まずは、あまりにも人間らしい「新近性」である。

私たちは年をとるにつれて長期の記憶力は強くなり、短期の記憶力は衰えていく傾向がある。残念ながら、投資においてはその傾向の恩恵を受けることができていない。投資になると人々は、直近の経験を重視しすぎて長期的な証拠に基づいた教訓を無視するなど、最近の出来事にとらわれて失敗するという非常に人間らしい行動を取る傾向がある。新近性の影響を受ける投資家は、最近の傾向が続いていくと決まっているかのように、直近の出来事から将来を推定するという間違いを犯す。その結果、たくさんの投資家が流行のセクターに飛びついて資金をつぎ込む。しかし、熱（ファッション）は必ず過ぎ去り、悪い結果を迎える。そして、バブルが必然的に崩壊すると、投資家は高く買って安く売るという行動に出る。しかし、これは投資で成功する方法とは言えない。ただ、これも立場によって見方は変わる。ほとんどの投資家がうまくいかない一方で、投資信託は巨額の手数料を取れる。また、金融出版社は今の熱狂を利用しようとギアを上げるウォール街の営業部隊からの広告収入と、一獲千金の方法を知りたい投資家からの定期購読料で大いに潤う。

ウォール街の投資会社の営業部隊は、需要に応える商品開発に優れている。しかし、需要がなくても、それを作り出すのはさらに得意だということを知っておいてほしい。例えば、バイオテクノロジーバブルが起こったとき、投資会社はこぞってバイオテック投資信託を作った。ITバブルのときは、何百ものテクノロジーファンドを作り、電気通信会社がホットな業界になると、たくさんのテレコムファンドを作った。なかでも最大のバブルがインターネットで、その需要を取り込むためにたくさんのインターネットファンドができた。しかし、これらのセクターに投資して大金を得た投資家がどれほどいただろうか。得た金額よりも失った金額のほうが多かったことは間違いない。そして、最近のファッションには、クラウドコンピューティング、電気自動車、AI（人工知能）などが含まれている。

歴史を見ると、日本株、新興市場、小型株、バリュー株など、さまざまなブームがあった。しかし、そのブームがいずれ衰え、いくつかのファンドは消滅したが、多くは少なくともしばらくの間は存続していた。そのため、ファンドの数は時とともに増えていく傾向がある。しかし、この傾向は、少なくとも投資信託に関しては変わり、今ではインターネットバブルの最盛期と比べて、数は減っている。これは、パフォーマンスが低い多くのファンドが合併によって存在しなくなったり（悪い実績を消すため）、資金不足で償還されたりしたためである。

その市場のパフォーマンスが低いときに新しいファンドが作られることはめったにない。完璧な例が、新興市場だ。この資産クラスが素晴らしいリターン（年率約三五％）を上げていた一九八七～一九九三年には、新興市場ファンドが蔓延していた。しかし、そのあとこの資産クラスはパフォーマンスが下がり、一九九四～二〇〇二年にはリターンがマイナスになった。二〇〇三年末にモーニングスターに表示された新興市場ファンドで一〇年以上の実績があるものは一六しかなかった。

ファンドが乱立する二つ目の理由は、ウォール街の営業部隊が、アクティブ運用の実績が不安定かつ悪いことを知っているからである。そこで、彼らは同じタイプのファンドを数個作って、どこかの時期に少なくともどれかが偶然うまくいくことを期待している。

税金が足かせになっていると、多くの投資家が感じていることも説明の一つとしてある（保有している持ち分は比較的安く買っている）。彼らはパフォーマンスが低いファンドの持ち分は売らないが、新たに投資することもない。そこで、投資家に新たに資金を出させるためには直近で高いパフォーマンスを上げた実績があるファンドが必要になり、それがあればパフォーマンスを追いかける資金を呼び込むことができる。そのためには、ファンドの数だけでなく（少なくとも一つは偶然うまくいってほしい）、定期的に新しいファンドを生み出していく必要がある。

選択の自由があることは、私たちの資本主義社会の素晴らしい点の一つだが、投資の世界の仕組みを学んでいない人にとっては、悪い点にもなる。知識がないため「聖杯」を追いかけている投資家は、投資会社にカモにされる。そして、ほとんどのケースで投資家はひどい投資結果に終わり、運用会社と証券会社は大きな利益を得る。

教訓

投資家は、まず自分の能力と意欲とどのくらいのリスクをとるかに応じた投資計画を立てるのが最善策となる。そして次に、世界的に分散したポートフォリオを構築し、計画を順守し、市場のノイズや感情（強気相場のときに生じる強欲や羨望、弱気相場で生じる恐怖やパニックなど）を無視する。

また、投資家はパッシブ運用ファンドを使って計画を実行するのが最善策である。これは、市場をアンダーパフォームしないための唯一の方法と言える。このリスクを最小限に抑えることで、目標を達成する可能性は最大になる。もし投資家がパッシブ投資という勝者のゲームを始めれば、もう流行のファンドを探すために時間を浪費する必要はなくなり、それよりもはるかに重要なことに時間を使うことができるようになる。

次は、ある常識が間違った前提に基づいている理由を説明する。

第37章　セル・イン・メイ――金融界の占星術

投資の世界で長く語り継がれてきた神話の一つに、「五月に売って一一月に再び買えば勝てる」というものがある。この根拠は、実際に株のリターンが一一月～四月のほうが五月～一〇月よりも高いからだろう。確かに、一九二六年一月～二〇二三年六月のS&P五〇〇の一カ月物国債に対する年間プレミアムは平均八・三%で、そのうち一一月～四月の年間プレミアムは平均五・七%、五月～一〇月は二・六%だった。言い換えれば、一一月～四月の株のリスクプレミアムは、五月～一〇月のそれよりも二倍以上高かった。さらに、このプレミアムが五月～一〇月にマイナスになったのは全体の三三%で、一一月～四月の二八%よりも多かった。

しかし、最も重要なのは五月～一〇月の株のリスクプレミアムが年率二・六%で、平均的に短期国債のパフォーマンスをアウトパフォームしていたことである。実際、一一月～

四月にS&P五〇〇に投資して、五～一〇月は無リスクの短期国債に投資すると、全期間のリターンは八・三%だったが、これはS&P五〇〇のみに投資した場合よりも年率一・九%アンダーパフォームしていた。しかも、これはトレードコスト前の話で、もちろん税金も増えるし、買い替えることで長期のキャピタルゲイン税ではなく、通常の所得と同様の短期のキャピタルゲイン税が適用される。

二〇二二年より前にセル・イン・メイ（五月に売る）戦略で最後に利益が上がったのは二〇一一年だった。それなのに、この神話がまだ語り継がれているのには驚く。実は、二〇二二年にはS&P五〇〇が一二・六%下落し、短期国債がプラス〇・六%だったため、この戦略は成功した。そうなれば、金融メディアは再びこの神話を持ち上げるに違いない。

教訓

投資家が投資戦略を信じるためには、それが市場をアウトパフォームするという論理的な説明が必要になる。金融の基本原則は、リスクと期待リターンには正の相関関係があることだ。五～一〇月に株のリターンが短期国債よりも低いと信じることは、この期間は株のリスクが短期国債のリスクよりも低いと信じることでもあるが、それはバカげている。

そう考えると、「セル・イン・メイ」は金融界の占星術だと分かる。

次は、ものすごいパフォーマンスを追いかけることが賢い戦略ではないことを説明する。

第38章　高パフォーマンスのファンドを追いかける

二〇二〇年は、ほとんどのアクティブ運用ファンドがベンチマークのインデックスファンドをアンダーパフォームした典型的な年だった。例えば、フィデリティのトータル・マーケット・インデックスファンド（FSKAX）は、費用率がわずか〇・〇一％で、今のところ株式市場のインデックスファンドで最も費用率が低いファンドだが、リターンは二〇・八％で、アクティブ運用ファンド（モーニングスターの同カテゴリーのファンド）の八〇％をアウトパフォームした。ちなみに、一〇〇％以上のリターンを上げたファンドも一八あり、これは二〇〇八年以降で最多だった。そして、さらにすごいのは、この一八のファンドのうち一七がその前の三年間もプラスのリターンを上げていたことで、二〇一七～二〇一九年のリターンは年率二三％に上っていた。

このようなものすごい成功は投資家の関心と資金を引き寄せる。先の一八のファンドも、

図表38-1　2020年に100％以上のリターンを上げた株式ファンドとナスダック100とS&P500株式の予想平均PER
(2019/12/31～2020/12/31、当初からあるシェアクラスのみを対象)

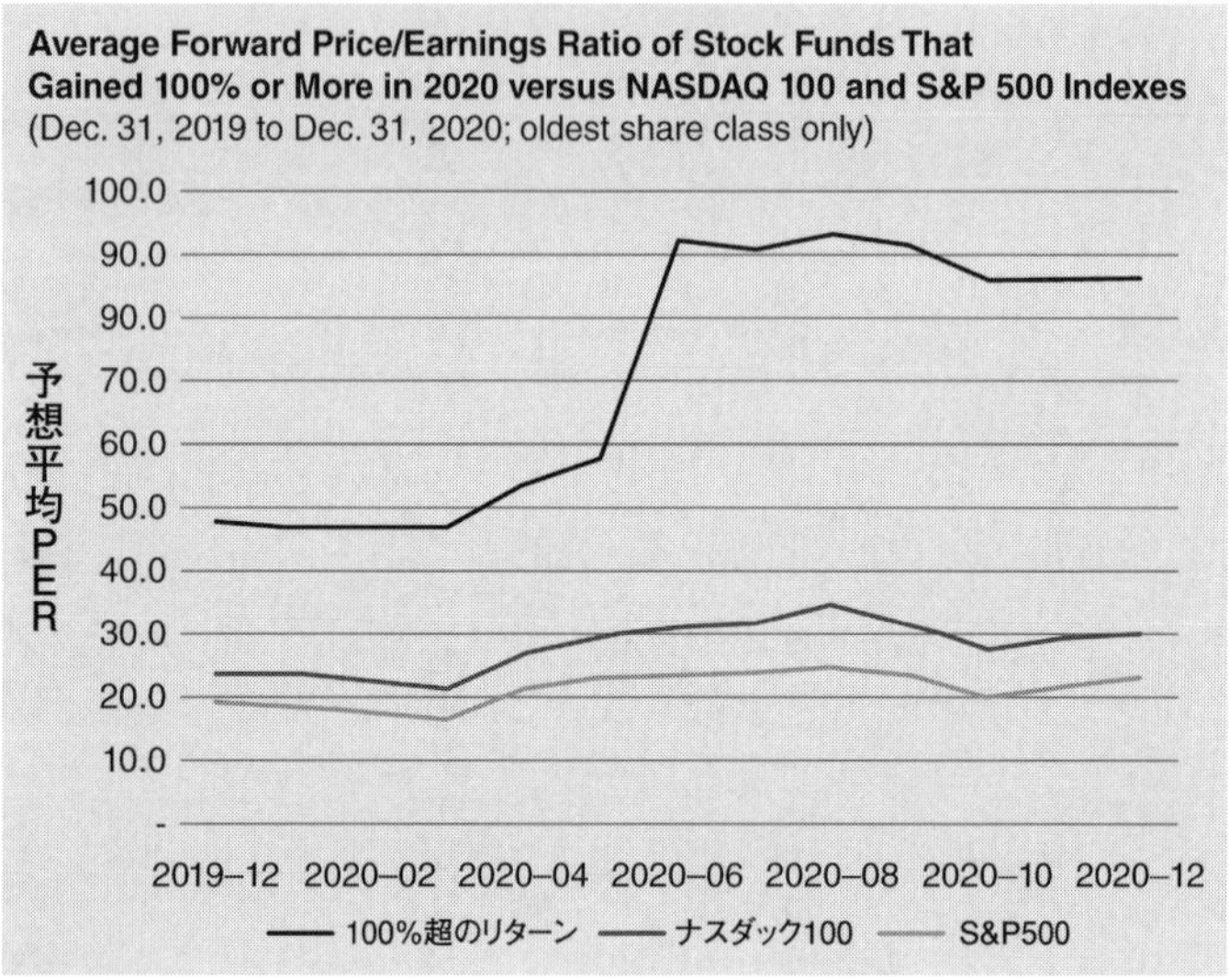

出所＝Morningstar Analysts

二〇二〇年に新たな資金が一九〇億ドルも流入した。しかし、ここで疑問がわく。このような非常に高いリターンを上げたファンドの将来のパフォーマンスはどうなったのだろうか。その答えを求めてモーニングスターのジェフリー・プタックが一～一二月に一〇〇％以上のリターンを上げた株式ファンドに関する調査を行った。[1]すると、一九九〇～二〇一六年に一〇〇％以上のリターンを上げた一二三の株式ファンドのうち、非常に高いリターンを上げたファンドで翌年から三年間もプラスだったのはわずか二四しかなかった。しかも、平均はマイナス一七％だった。また、大きなリターンを上げる前もプラスだったファンドよりも、大きなリターンを上げる前に損失を出したファンドのほうが、大きなリターン後もプラスのリターンを上げる確率が高いことも分かった。ものすごい成功のあとにパフォーマンスが下がった理由の一つとしてプタックは、二〇二〇年に一〇〇％以上のリターンを上げた一八のファンドは、値嵩株に投資する傾向があったことを挙げている。実際、これらのファンドの最近の価格は、バリュエーションがナスダック一〇〇の約三倍になっていた。

教訓

ここでの教訓は、リスク調整後ベースで市場をアウトパフォームすることは可能でも、長期的にそれを維持できる確率はかなり低いということだ。賢い投資家は、投資は不確実だということを知っているため、勝率を高めるためには低コストのパッシブでシステマティックな戦略で投資するのが最善策だということを知っている。「流行のファンド」のパフォーマンスを追いかけるのはやめるべきだという明確な証拠があるからだ。

次は、豊かであることの定義は、自分が「十分」持っていることを知っていることだという話をする。

第39章　足るを知る

「知足者富（足るを知る者は富めり）」――老子（第三三章）

カート・ヴォネガットは、同業の作家であるジョセフ・ヘラーについて次のように書いている。「ヘラーと私はシェルター島で億万長者が開いたパーティーに参加していた。私はヘラーに『ジョー、このパーティーの主催者が君の小説『キャッチ22』がこれまで稼いだ金額よりも多くを昨日一日で稼いだと知ったらどんな気分かい』と聞くと、彼から『僕は彼が絶対に持つことができないものを持っているよ』という答えが返ってきた。私は『そんなものがあるのかい』と聞くと彼は言った。『もう自分は十分持っていると知っていることだよ』」[1]

二〇〇九年、私はＴＩＧＥＲ21グループ（超富裕層のための投資クラブ）に投資セミナーを依頼された。彼らのウェブサイトには、「ＴＩＧＥＲ21のメンバーは、超富裕層が互いに学びながら成功がもたらす問題とチャンスに対応していくことを可能にする信頼と秘密厳守のコミュニティーの一員です」[2]と書いてある。

セミナーについて彼らから、金持ちがリスクについてどう考えているかと、どう考えるべきかについて話してほしいという要望があった。私は次のように答えた。

資産が相続したものでないかぎり、巨額の財産を生み出す一般的な方法は、多くのリスクをとり、たいていはそれを自分が所有する事業に集中させる。だから、典型的な富裕層は起業家として成功した人たちだ。つまり、彼らは本質的にリスクテイカーで、成功経験もある。そのため、彼らはリスクをとることに自信があり、それがリスクをとる意欲につながっていることが多い。しかも、彼らは巨額の資産を持っているため、リスクをとる能力もある。これらのことが組み合わさっているので、彼らはリスクをとり続ける。

しかし、リスクをとる能力と意欲は、投資の方針を決めるときに考慮すべき三つの点のなかの二つでしかない。三つ目は見過ごされることが多いが、リスクをとる必要性だ。ただ、大いに皮肉なのは、リスクをとる能力と意欲を最も持っている人たちこそ、リスクをとる必要が最もない人たちでもある。

必要なことを賄える十分な富を持つ人たちは、金持ちになる戦略と金持ちで居続けるための戦略はまったく違うということを理解する必要がある。一般的に、金持ちになるための戦略はリスクをとることで、たいていはそれを自分の事業で行う。しかし、金持ちで居続けるための戦略は、リスクを最小限に抑え、とるリスクを分散し、過剰な支出をしないことである。

私はTIGER21のメンバーの目標が金持ちで居続けることであり、その目標を組み込んだ新たな投資計画を立てることが重要だと話した。この計画は、金持ちから貧乏人に転落することは考えたくないという事実に基づいて立てるべきである。

適切な資産配分を決めるとき、投資家は富の限界効用、つまり、より多く期待リターンを上げるためにとるリスクと比べて、潜在的な富の増加にどれだけの価値があるかを考える必要がある。もちろん、お金は少ないよりも多いほうがよいが、ほとんどの人はある時点で、非常に快適なライフスタイルを達成する。そうなると、そこからさらなる富を得るためにさらなるリスクをとることはもう意味がなくなる。予期しない悪い結果で潜在的に被る損害は、さらなる富を得るメリットをはるかに上回るからだ。

投資家はみんな自分の効用曲線がどの水準から水平になり、急落し始めるかを見極める必要がある。その時点からは、さらなる期待リターンを求めて、追加的なリスクをとる理由などなくなるからだ。多くの裕福な投資家が、ジョセフ・ヘラーが語った知恵を持っていれば、破滅的な損失を簡単に避けることができただろう（あなたはマドフという名前を覚えているだろうか）。

もう十分だという時期を知ることの重要性は、次の例からも分かる。二〇〇三年のはじめに、私は七一歳の夫婦と知り合った。彼らの金融資産は三〇〇〇万ドルだったが、三年前には一三〇〇万ドルあった。彼らがこれほど大きな損失を被ったのは、資産のほぼすべてが株式で、それもアメリカの大型成長株、特にテクノロジー銘柄に集中していたからだった。彼らにはこの間、ファイナンシャルアドバイザーがいたそうだ。このことは、良いアドバイスが必ずしも高いわけではないが、悪いアドバイスはほぼ必ず高くつくことを示している。

私は二人に、もしポートフォリオの価値が八〇％減ではなく、倍の二六〇〇万ドルになったら、生活の質が大きく変わるかと聞いてみた。答えはきっぱり「ノー」だった。私が、一三〇〇万ドルが三〇〇万ドルに減るのを見るのは非常に辛い経験だったはずで、眠れない夜もたくさんあっただろうと言うと、彼らは大きくうなずいた。次に私は、潜在利益が彼らの生活を大きく変えないのに、失敗すればこれほど辛い結果を生むようなリスクをなぜとったのかと聞いた。すると、妻が夫をパンチして言った。「だから言ったじゃない」

リスクのなかには、とる価値がないものもある。賢い投資家は自分の能力や意欲や必要を超えるリスクはとらない。そこで、自分自身に問うべき重要なことがある。すでに勝っていたゲームなのに、プレーし続ける意味があるのだろうか。

必要なものと欲望

すでに勝っていたゲームをプレーし続けてしまう理由の一つは、かつては欲しかったもの（人生を楽しむためにあったらよいが、必要ではないもの）が、必要なものに変わってしまうことにある。そうなると、とるべきリスクが増え、株の配分が多くなる。その結果、一九七三〜一九七四年、二〇〇〇年〜二〇〇二年、二〇〇七年〜二〇〇八年、新型コロナ感染症危機、二〇二二年のようにリスクが現実になったときに問題が起こることになる。

教訓

リスクをとる必要性を考えないのは裕福な人によくある間違いで、特に大きなリスクをとって富を築いた人にその傾向がある。ただ、必要以上のリスクをとる間違いを犯すのは、金持ちだけではない。そこで、いくらお金があれば幸せになれるのかと考えてみてほしい。ほとんどの人は、その金額が思ったよりもずっと少ないことに驚くと思う。心理学者によると、食べ物、家、安全といった基本的なニーズを満たす十分なお金を手に入れてしまうと、資産が増えても幸福度に変化はない。これらのことが満たされると、人生の良いことや本当に大事なことは無料か安い。例えば、大事な人と公園を散歩する、自転車に乗る、本を読む、友人とブリッジをする、子供や孫と遊ぶなどといったことにあまりお金はかからない。そして、飲むのが一〇ドルのワインでも一〇〇ドルのワインでも、二人で食事をするのが五〇ドルのレストランでも五〇〇ドルのレストランでも、それで幸福度が大きく上がるわけではない。

次は、パッシブでシステマティックな投資が人生でも投資でも勝者の戦略であることを説明していく。

第40章　大きな石

「国内のさまざまな投資グループに講演したり、家で記事を書いたりしているとき、私が市場に打ち勝ちたいという希望を打ち砕くため、『がっかりさせられる』と責められることがある。しかし、何も知る必要はないということを知ることは、非常に核心を突いており、個人的にはこれが究極の励ましだと思っている。自ら望まないかぎり、投資の予想という巨大産業を無視するのは難しい。自ら望まなければ、聞くのをやめる勇気を持つことはできない。それでも、もし世の中のあらゆる市場予想を聞かないようにすれば、長期的にはほぼすべての現役の投資家をアウトパフォームすることができる。『知らない、気にしない』という信念だけが、そこを達成できる」

――ジェイソン・ツバイク

時間管理の専門家が経営大学院で講義をした。専門家は短く自己紹介したあと、広口の密封ガラス瓶を机の上に置いた。次に、大きな石がたくさん入った箱を取り出し、石を一つずつ注意深く瓶に詰めていった。そして、瓶がいっぱいになると、彼女は学生たちに「この瓶は満杯ですか」と聞いた。全員がイエスと答えた。すると彼女は「本当にそうですか」と言った。

彼女は机の下から砂利の入ったバケツを出して、一部を瓶に入れた。砂利は大きな石のすきまに入っていった。すべての隙間が埋まると、彼女は再び聞いた。「この瓶は満杯ですか」。一人の学生が「多分、違います」と答えた。

彼女は再び机の下を見て、砂が入ったバケツを取り出し、瓶に入れた。砂が瓶のなかの石と砂利の隙間に入っていった。これ以上砂が入らなくなったところで、彼女は「この瓶は満杯ですか」と言った。今度は全員がノーと叫んだ。

最後に、彼女は瓶に水を入れて聞いた。「今回の実演のポイントは何でしょうか」。ある学生が答えた。「ポイントは、スケジュールがいっぱいだと思っても、あと一つ会議をねじ込むことはできるということです」

笑いが収まったあと、彼女は言った。「ポイントはそこではありません。この実演は、大きな石は最初に入れないと、あとからはけっして入らないということです。あなたの人生で大きな石は何ですか。愛する人と過ごすことですか、あなたの信じる信念ですか、教育ですか、夢ですか、仕事ですか、崇高な目的ですか、教えたりメンターになったりすることですか」。そして、最後に重要なメッセージを繰り返した。「最初に大きな石を入れることを覚えておいてください。あとから入れることはできません」

アクティブ戦略を用いる個人投資家は、貴重な余暇の多くをビジネスニュースを確認したり、直近のチャートを調べたり、ネット上の掲示板をチェックし投稿したり、金融トレード系の出版物やニュースレターを読んだりすることに費やしている。彼らは実質的に砂利や砂や水に集中し、大きな石のために十分な時間を割いていない。しかし、パッシブ戦略を用いている投資家は、「ノイズ」（砂利や砂や水）を無視している。彼らは勝者のゲームをプレーし、彼らの人生で本当に重要なこと、つまり大きな石に集中している。

現代でおそらく最も有名な経済学者であるポール・サミュエルソンの知恵にも耳を傾けてほしい。「投資に多くの時間を割くべきではない。時間があると、植物を引き抜いて根っこがどうなっているか見たくなるが、それは根っこにとって良いことではない。そのうえ夜も眠れなくなる」[1]。次の実話は、この点をフィクションよりもよく伝えている。

一九九八年に投資戦略に関する私の最初の本が刊行されたすぐあとに、この本に関してある医師から電話がかかってきた。彼は医師になって二～三年で、もうすぐ二人目の子供が生まれるということだった。彼の友人の多くは株のトレードで大きな利益を上げており、彼も強気相場に夢中になっていた。

彼は一日の長い診療を終えて家に帰るとコンピューターに向かい、チャートを調べ、投資リポートを読み、掲示板をチェックすることに何時間も費やしていた。強気相場や、世界を変えつつあるＩＴ革命や、インターネットの情報や、デイトレーダーの大成功などがもたらす興奮などに巻き込まれていた。また、金融メディアが報じる金融市場の範囲も広がり、それがアクティブ運用や「ポートフォリオを自分で管理する」という考えをあと押しした。この医師も、ほんの二～三カ月で、初期投資した少額の資金が一〇万ドルになっていた。

しかし、残念なことに妻や子供が彼と過ごす時間はなくなっていた。彼は、コンピューターや投資と「結婚」している状態で、妻は真剣に離婚を考え始めた。幸い、彼は次の二～三カ月ですべての利益を失った。

そうなって初めて、彼は人生で最も大事なものである家族に関心を向けていなかったことに気づいた。また、彼が最初に手にした利益は幸運によるもので、サイコロゲームで当たったのと変わらないことにも気づいた。そんなときに、知人に私が書いた『ジ・オンリー・ガイド・トゥ・ア・ウイニング・インベストメント・ストラテジー・ユー・ウィル・エバー・ニード（The Only Guide to a Winning Investment Strategy You'll Ever Need）』を勧められて読み、お礼の電話をかけてきた。彼は自分の間違いを理解したうえで、インデックスファンドのポートフォリオを構築し、アクティブ投資はやめたと語った。

次の実話も、パッシブ投資を基本戦略とすることによって、人生の質が上がることを私に再認識させてくれた。

私の最初の著作が出版されたあと、私はある同僚と知り合った。彼はペンシルベニア大学ウォートン校のＭＢＡ（経営修士号）とウエイクフォレスト大学の経営学士号を修得した洗練された投資家だった。彼には財務管理で三〇年の経験があり、当社に入る前は大手企業の財務次長だった。私の会社のことを知り、私の本を読んだ彼は、これが勝つ戦略だと納得し、ほかの人たちがこの原則の恩恵を受ける手助けをしたいと考えた。そこで彼は猛勉強して短期間でＣＦＰ（公認ファイナンシャルプランナー）の資格を取り、ファイナンシャルアドバイザーになった。あとになって、彼は次のような話をした。

彼は以前はさまざまな金融出版物を読んだり、個別株を調べたり、金融ニュースを見たりするのに毎日何時間も費やしていた。もちろん、これは会社で長時間勤務したあとのことである。しかし、現代ポートフォリオ理論や効率的市場仮説（ＥＭＨ）やパッシブ投資について学び、その原則を取り入れると、もうそんなことをする必要がないことが分かった。彼は、自分が注意を払っていたものが勝者のゲームから気をそらすだけのノイズにすぎないことに気づいたのだ。

彼が妻と一緒に計算したところ、パッシブ投資を導入したことで、年間六週間分の時間を節約できたことが判明した。年間六週間を生産的な活動に費やすのも一つの考え方ではある。しかし、彼はその時間が非生産的だっただけでなく、むしろアクティブ運用のコストや税金を考えれば、逆効果になっていたことを学んだ。もちろんそれに加えて最も貴重なリソースである時間の価値も考える必要がある。時間は限られており、彼は最適ではない活動に費やしたくないと思った。

ささいなことを気にしない

私がバッキンガム・ストラテジック・ウエルスの経済・金融調査の責任者になったのは、投資家に賢い判断を下すために必要な知識を提供したかったからだ。私は投資家たちがウォール街の狼たちにヒツジのように資産を刈り取られたり、食い荒らされたりするのを阻止する助けになりたかった。これまで、著作と投資家たちとの交流によってその目的をある程度は果たしてきたが、すべきことはまだまだある。

顧客に市場の実際の仕組みを教え、それぞれの状況に合わせた投資計画を立てる手助けをすることで、彼らが市場のノイズやウォール街の勧誘を無視できるようになれば、顧客の生活の質が上がる。私にとって、そのことがこの仕事の最大の喜びになっている。

私の場合、それによって子供のスポーツチームのコーチをする時間ができた。私は長年、娘たちにサッカーやバスケットボールやソフトボールを教えているし、娘のスポーツ大会やダンスのリサイタルを見に行くこともできる。また、私は読書も好きで、リサーチのため年間一〇〜二〇冊の投資本を読み、それ以外にスパイ小説から名作と言われるものまで年間五〇〜六〇冊は読んでいる。

インデックス投資やパッシブ投資には、退屈だという「デメリット」があることは認める。しかし、もし本当に投資で興奮を得たいならば、別の人生を考えたほうがよい。

私はスポーツのイベントに参加すると、人生が豊かになると思っている。特に大好きな急流下りには興奮する。私は必要な興奮はすべてクラス5プラスの急流で得ていると思っている。私は一〇の州の三〇以上の川で四〇回以上急流下りを行い、その多くにクラス5やクラス5プラスの急流が含まれていた。メリーランド州のヨーギオゲニー川やコロラド州のアーカンソー川のクラス5の急流では船外に放り出されたこともあるが、さすがにこのスリルはなくてもよかった。

そして、何よりも重要なのは、これらの興奮の多くを家族、特に長女のジョディと一緒に経験していることである。彼女もこのスポーツが大好きで、エモリー大学ではカヌーの授業を受け、ガイドになるための訓練も受けた。

ほとんどの投資家がパッシブ投資をすればだれでも得られる市場リターンを逃しているのは悲劇だが、人生で本当に大きな悲劇は、「市場をアウトパフォームするための聖杯」を追い求めて、人生の大切なことを逃していることである。投資で興奮を求めるならば、「娯楽のための口座」を設けるべきで、そこに入れる資金は全資産の二～三％を超えてはならない。残りの資産は、私が勝者のゲームと考える方法で投資してほしい。

教訓

ここでは、インデックスファンドなどのパッシブ投資は低コストで節税しながら市場リターンを得られるだけでなく、ＣＮＢＣを見たり、ジェーン・ブライアント・クインが「投資ポルノ」と言っている金融出版物を読んだりする時間を取られる必要がなくなることも覚えておいてほしい。

それよりも、その時間を家族と過ごしたり、地域に貢献したり、好きな本を読んだり、趣味に使ったりするほうがよい。ウォール街や金融メディアがどう言おうと、投資はけっして興奮するためのものではないということを忘れないでほしい。投資は、目標額を最小限のリスクで達成するためのものなのである。

次は、本書で勧めるパッシブ戦略を導入した投資家が「最高の時代」を経験している理由を説明する。ちなみに、アクティブ投資というゲームを続けた人たちは、おおむね「最悪の時代」を経験している。

第41章　二つの戦略の物語

「ウォール街は罪を告白しなくてよい。罪を犯すのをやめればよいだけだ」――ジェームス・ソロウエキ（ニューヨーカー誌二〇〇二年一二月九日号「談話療法」）

「それは最高の時代であり、最悪の時代でもあった」は、文学作品のなかでも最も有名なフレーズと言われている。これはチャールズ・ディケンズがフランス革命を舞台に書いた『二都物語』の冒頭部分だが、このフレーズは今日の投資の世界にも当てはまる。

アクティブ運用が勝者の戦略だと信じる投資家にとって、今は最悪の時代だからだ。これまで述べてきたとおり、アクティブ運用が市場を継続的にアウトパフォームする割合は悲惨なものになっている。例えば、一九九八年にチャールズ・エリスが有名な『敗者のゲーム』（日本経済新聞社）を書いたとき、彼はアクティブファンドの約二〇％がリスク調整後で継続的に統計的に有意なアルファ（市場をアウトパフォームするリターン）を生み出していると想定していた。[1] しかし、二〇一〇年の論文「ラック・バーサス・スキル・イン・ザ・クロスセクション・オブ・ミューチュアル・ファンド・リターン（Luck Versus Skill in the Cross-Section of Mutual Fund Returns）」によると、リスク調整後のベンチマークをアウトパフォームすることができたアクティブファンドは偶然の期待値よりも約二％も少なかった。[2] しかも、これは税金を差し引く前で、税金は通常、課税口座でアクティブファンドにかかる最大のコストになっており、経費率やトレードコストよりも高くつく。また、二〇一四年の論文「コンビクション・イン・エクイティ・インベスティング（Conviction in Equity Investing）」によると、アルファを生み出している運用マネジャーの割合は、一九九三年の二〇％から一・六％に下がっている。[3]

しかし、市場が効率的で、パッシブ投資が勝者の戦略だと信じている投資家にとっては、今は最高の時代である。パッシブ運用ファンドの数は劇的に増え、インデックスファンド、ETF（上場投信）、パッシブの資産クラスのファンドなどがある。以前よりも多くの資産クラスのファンドが登場し、投資家はより多くのファクター（バリュー、サイズ、モメンタム、利益率、質、低ボラティリティなど）から選択し、より効率的にポートフォリオを分散できるようになった。そのうえ、パッシブ運用ファンドはもともと回転率が比較的低いため、アクティブ運用ファンドよりも節税効率が高く、いくつかのファンドファミリーは節税も考慮したパッシブ運用ファンドを組み込んで、税引き後リターンをさらに上げようとしている。また、ＥＴＦを組み入れることで、ファンドの節税効果は高くなる。

アクティブ運用ファンドが平均的に低パフォーマンスに終わっている一方で、パッシブ運用ファンドはすでに低コストなのに、さらに手数料を下げながら市場リターンを上げている。ブラック・ロックやフィデリティやバンガードによる激しい市場シェア争いによって、経費率は劇的に下がった。例えば、フィデリティのゼロ・ラージ・キャップ・インデックス（ＦＮＩＬＸ）はその名のとおり経費率が○・○○％になっている。これらのファンドファミリーは、規模の経済を実証している。

教訓

もしかすると、ディケンズはかの有名なフレーズを書いたとき、これがすべての時代に当てはまると分かっていたのかもしれない。少なくとも今日の投資家に当てはまることは間違いない。アクティブ運用を信じ続ける多くの人にとって、今は「愚かさの時代であり、暗黒の季節であり、絶望の冬」になっている。しかし、パッシブ運用戦略を取り入れた人にとっては「知恵の時代であり、明るい季節であり、希望の春」になっていることを肝に銘じてほしい。

最後は、ファイナンシャルアドバイザーに従うことが最善だと考える投資家に向けて指針を書いておく。これは、信頼できるアドバイザーを見つけるための手引きにもなっている。

第42章　信頼できるアドバイザーの見つけ方

　自分で家を修理する人は、大きく二つのグループに分けることができる。最初のグループは、ＤＩＹグループで、日曜大工が好きな「ホーム・デポ」ファンである。このグループはさらに多くのサブグループに分かれる。そのなかの一つは、プロを雇うよりも安くできると思っている人たちで、もう一つは大工仕事が好きで、うまくやれるスキルがあり、成果を見るのが楽しい人たちだ。

　ＤＩＹグループのなかには、それにふさわしくない人もいる。彼らはお金を節約するために日曜大工をしているが、たとえ大工仕事を楽しんでいたとしても、うまく仕上げるスキルを持っていない。そういう人たちは、もし最初を間違うと、それを修正するコストが最初からプロに頼むよりもはるかに高くなる場合がある。このような人たちは、私がスウェドローの原則と呼ぶ方法「やる価値があることは、業者にお金を払ってやってもらう価値がある」に従うことを勧める。この原則に従う理由は、自分の自由時間に高い価値を置き、資金的にも可能だからかもしれないし、その作業が楽しくないからかもしれない。あるいは、私のように、元からあるものをもっと台無しにしてしまう才能があるからかもしれない。

投資においても同じ二つのグループがあり、ＤＩＹグループと同じように分類できる。一つは、プロにお金を払いたくなく、自分もプロと同じようにできると思っている人たちだ。残念ながら、学術研究によると、投資で成功するための知識と規律を持った投資家はほとんどいない。もし家を修理するＤＩＹ好きと自分で投資するＤＩＹ好きのスキルを比べる研究があれば、前者のほうがはるかに意味があるだろう。そして、悪い投資判断を修正するコストは、水漏れを修理するコストよりもはるかに高くなることは間違いない。

そのほかに、自分が投資で成功するための知識も規律も持っていないことを自覚している人たちもいる。彼らは、良いファイナンシャルアドバイザーがさまざまな面で付加価値を与えてくれることも知っている。あるいは、お金のことについてはだれかに任せて、その時間を自分にとってより重要なこと、つまり大きな石に使いたいと考える人もいる。彼らは、たとえ自分にスキルがあっても、お金のことに使う時間を家族や友人と過ごしたり、地域に貢献したりすることに使いたいと思っている。そういう時間に、アドバイザーに払うコストよりも大きな価値を置いているということだ。

それでも自分でやりたい人には、本書で紹介したパッシブ投資で世界に分散するという勝者の戦略だけでなく、私が推奨するファンドのリストも付録に載せてある。良いファイナンシャルアドバイザーの価値を認識している人には、次のように助言する。

投資家が下すことができる最も重要な判断の一つは、ファイナンシャルアドバイザーの選択である。調査によると、この選択において投資家は金融の専門知識に加え、信頼できる人を求めている。しかし、信頼は実体のないもので、野球の打率のように数値で表すのが難しい。そこで、アドバイザーを選ぶための面談では、次の一一点を守るように求めるとよい。そうすれば、利益の相反を避け、あなたの目標額を達成する可能性が高まる。

一．当該社は、助言の原則が顧客にとって最善の投資顧問サービスを提供することだと実証できる。

二．当該社は受託者責任の基準に従う。この基準は、一方の当事者が他方の当事者に対して負うことができる最高の法的義務とされることが多い。ちなみに、これは多くの証券会社が用いている適合性基準とは異なる。適合性基準が規定するのは、商品やサービスが適切かどうかであり、顧客の最善の利益かどうかではない。

三．当該社は、アドバイスに対する手数料のみを報酬として受け取る。これによって、取引額に応じた報酬が引き起こす利益相反の可能性を回避できる。取引額に応じた報酬は、アドバイザーが推奨した投資や商品が投資家とアドバイザーのどちらにとって最適なものかを知るのが難しい場合がある。

四．潜在的な利益相反はすべて開示する。

五．アドバイスは意見ではなく、最新の学術研究に基づいて行われる。

六．当該社は顧客を中心に考え、アドバイザーは適切な助言と目的に沿った解決策を提示する。解決策に唯一求められるのは、顧客にとって最善策かどうかということである。

七．アドバイザーは顧客の状況をしっかりと把握し、強い信頼関係を築く。また、アドバイザーはチームで顧客に対応し、適切な判断を下す手助けをする。

八．アドバイザーは、顧客に勧めたのと同じ投資原則に基づき、同じか、同等の証券に個人的な資産（会社の利益分配制度を含む）を投資する。

九．当該社は、不動産、税金、リスク管理（保険）計画を組み込んだ投資計画を構築する。

全体計画は顧客の状況に合わせたものにする。

一〇．助言は目標志向で行う。判断は個別に評価せず、計画全体の勝率に及ぼす影響に基づいて評価する。

一一．CFP（公認ファイナンシャルプランナー）やPFS（パーソナル・ファイナンシャル・スペシャリスト）やそれに匹敵する資格を持った人が総合的な資産管理サービスを提供する。

教訓

知識と時間と関心と規律を持ってよく練った投資計画を立てることができる人も確かにいる。しかし、それは成功の必要条件でしかない。その投資計画に、不動産、税金、リスク管理計画を注意深く組み込まなければ、十分条件にはならないからだ。それに加えて、その計画を継続的にコストと節税を考慮しながら、管理（リバランスと税金の損失活用）をしなければならない。しかも、それで終わりではない。状況の変化や時間の経過に合わせて、計画を調整していく必要がある。残念ながら、そのようなスキルを持つ人が、できると思っている人の数よりも少ないことは証明されている。前述のとおり、自信過剰は人間のよくある性質なのである。

幸い、プロのアドバイザーを雇うのが最善だと分かっている人にとって、良いアドバイザーが必ずしも高額なわけではない。しかし、悪いアドバイスや価値がないアドバイスは、どれほど安くても確実に高くつくことになる。そのため、ファイナンシャルアドバイザーを選ぶときは、最初に徹底したデューデリジェンスを行う必要がある。このデューデリジェンスは、先の一一項目を確認するだけでなく、フォームＡＤＶ（アドバイザーの投資戦略、手数料、利益相反、法的な問題などに関する開示書類）も慎重に検討しなければならない。注意深くデューデリジェンスを行うことで、高額な修理が必要になるリスクを最小限に抑えることができる。

結論

私の好きな映画に「リバティ・バランスを射った男」という作品がある。これは、世間知らずの平和主義者の弁護士（ジェームズ・スチュアート）が悪党のリバティ・バランス（リー・マービン）に立ち向かって射殺する話を、回想形式で綴っている。スチュアート演じる米上院議員は、親友（ジョン・ウェイン）の葬式に参列するため、故郷を訪れた。若い新聞記者のインタビューに対し、スチュアートはやがて伝説の決闘の真実を語る。リバティ・バランスを殺したのは実は、スチュアートではなくジョン・ウェインだったのだ。記者はこの大スクープに興奮して編集長の部屋に駆け込んだ。しかし、編集長はこの驚くべき原稿を読むと、それを細かく破って言った。「伝説が事実に変わっても、記事にするのは伝説だ」

ウォール街と金融メディアは、アクティブ運用が勝利の戦略だという神話を生かし続けようとする。そのため、彼らはアクティブ投資に関する伝説や神話を懸命に伝え続ける。本書の目的は、伝説をフィクションだと明かして葬り去ることにある。私は序章でゴールを達成するための三つの目標を設定した。

●エピソードや例を使って市場の本当の仕組みを説明し、投資の伝説の多くが投資のプロパガンダにすぎないことを明らかにする。
●投資と市場の仕組みに対する考え方を変える。
●より知識に基づいたより賢い投資判断を下すための十分な知識を提供する。つまり、あなたが苦労して稼いだお金をドブに捨てるようなことはさせない。

本書がこれらの目標を達成できたことを願っている。もしそうならば、あなたの次のステップは、あなたの能力と意欲ととるべきリスクに応じたファイナンス計画を注意深く構築することである。また、ファイナンス計画は、不動産と税金とリスク管理（保険）計画も組み込む必要がある。この計画には、資産配分表も含めておく。例を挙げておこう。

この表には、株や債券のリスクを分散するための代替資産（再保険、プライベートクレ

資産配分表

	保守的	やや保守的	やや積極的	非常に積極的
株式（%）	40	60	80	100
アメリカ株（%）	28	42	56	70
大型株（%）	6	9	12	15
大型バリュー株（%）	6	9	12	15
小型株（%）	6	9	12	15
小型バリュー株（%）	6	9	12	15
不動産（%）	4	6	8	10
外国株（%）	12	18	24	30
大型株（%）	2	3	4	5
大型バリュー株（%）	4	6	8	10
小型株（%）	2	3	4	5
小型バリュー株（%）	2	3	4	5
新興市場（%）	2	3	4	5
預金（%）	60	40	20	0
債券（%）	60	40	20	0

ジット、ロング・ショート・ファクター・ファンドほか）を含めてもよい。

ポートフォリオをデザインするときは、投資は不確実な世界だということを忘れてはならない。ウォール街やメディアが何を言っても水晶玉は雲っていて、はっきりとは見えないのだ。そして、不確実な世界で最善の防御策は世界中のさまざまな資産クラスに幅広く分散することである。ポートフォリオのなかの株の配分ならば、国内と外国（新興市場を含む）、大型株と小型株、バリューと成長株、場合によっては不動産株にも分散するとよい。

計画を書面にしたら署名することも重要で、それが計画を順守する決意を示すことになる。あとは、パッシブ運用ファンド（インデックスファンドやETF［上場投信］、それ以外のアクティブ運用ではないファクターベースのファンドや資産クラスのファンドを買って計画を始めればよい。それ以降は、計画の基本的な前提が変わらないかぎり、ポートフォリオを定期的に決めた配分にリバランスすることと、売却損を活用できる機会を逃さないことだけ気をつけておけばよい。幸い、これならば簡単にできる。多くの投資家にとって、市場やウォール街やメディアのノイズとそれがもたらす感情の起伏を無視することが最も難しい。実際、強気相場の強欲や羨望、弱気相場の恐怖やパニックといった感情が最高の計画を台無しにしてしまうことはよくある。

そこで、最後のアドバイスである。マスメディアが出している投資系の出版物やニュースレターをすべてキャンセルして、CNBCを見るのをやめ、自分の人生の大きな石に集中してほしい。そうすれば、ポートフォリオの価値が上がるだけでなく、人生もより豊かになる。パッシブ投資を人生と投資における勝者のゲームだと言っている理由はそこにある。

最後に、私が書いた一八冊の本についてたくさんの読者から感想が寄せられることは私の大きな喜びになっている。もし本書の内容に関して質問や議論したいことがあれば、ぜひeメール（lswedroe@buckinghamgroup.com）を送ってほしい。

謝辞

本書は、私がバッキンガム・ストラテジック・ウエルスで約三〇年、経済・金融調査の責任者として仕事をするなかで得た知恵に基づいている。その間に、私は本当にたくさんの人たちから学んできたが、その人たちの名前をすべて網羅するのは不可能だ。そこで、次の短いリストに含まれていない人たちには先に謝っておく。そのうえでまず、クリフ・アスネスとトビー・モスコウィッツとAQRのリサーチチーム、アンドリュー・バーキン、ブラッドミア・マセク、ウェス・ウエリントンとディメンショナルのリサーチチームは一緒に仕事をし、学ぶ機会を与えてくれて、感謝している。時間を割いてくれてありがとう。また、データに関する手助けをしてくれたジャッシュ・アーンストにもお礼を言いたい。

妻のモナにも感謝している。妻は、週末や徹夜でコンピューターの前で過ごす私を理解し、励ましてくれた。彼女は常に必要なサポートとそれ以上のことをしてくれた。彼女と一緒に人生を歩むことができるのは本当にありがたい。そして最後に、本書を編集してくれたサンディー・ヒックマンにお礼を言いたい。彼女は素晴らしいパートナーだった。

バリュー＋モメンタム＋質＋安定志向＋トレンド＋バリアンスリスクプレミアム（株、債券、通貨）

●AQR Alternative Risk Premia（QRPRX）

再保険

●Pioneer ILS Interval（XILSX）

●Stone Ridge High Yield Reinsurance Risk Premium（SHRIX）

●Stone Ridge Reinsurance Risk Premium Interval（SRRIX）

代替金融

●Cliffwater Corporate Lending（CCLFX）

●Cliffwater Enhanced Lending（CELFX）

●Stone Ridge Alternative Lending Risk Premium（LENDX）

分散型・代替投資

●AQR Diversified Arbitrage（QDARX）

●Stone Ridge Diversified Alternatives（SRDAX）

- Goldman Sachs ActiveBeta Emerging Markets Equity（GEM）
- iShares MSCI Emerging Markets Multifactor（EMGF）

小型バリュー株＋モメンタム株＋利益率・質

アメリカ

- AQR Small-Cap Multi-Style（QSERX）
- iShares Edge MSCI Multifactor USA Small-Cap（SMLF）

トレンドフォロー（株、債券、通貨、商品）

- AQR Managed Futures（AQMRX）
- AQR Managed Futures HV（QMHRX）

代替投資ファンド

バリュー＋モメンタム＋質＋安定志向（株、債券、通貨、商品）

- AQR Style Premia Alternative（QSPRX）

新興市場

- Dimensional Emerging Markets Core Equity 2（DFEM）

バリュー株＋モメンタム株＋利益率・質

アメリカ

- AQR Large Cap Multi-Style（QCERX）
- iShares Edge MSCI Multifactor USA（LRGF）
- Goldman Sachs ActiveBeta U.S. Large-Cap Equity（GSLC）
- Vanguard U.S. Multifactor（VFMFX）

世界

- AQR International Multi-Style（QICRX）
- Goldman Sachs ActiveBeta International Equity（GSIE）
- Hartford Multifactor Developed Markets ex-U.S.（RODM）
- iShares Edge MSCI Multifactor International（INTF）

新興市場

- AQR Emerging Multi-Style II（QTERX）

（DFAI）

新興市場

- Avantis Emerging Markets Equity（AVEM/AVEEX）
- DFA Emerging Markets Core Equity（DFCEX）
- Dimensional Emerging Markets Core Equity Market（DFAE）

小型バリュー株＋利益率・質

アメリカ

- Avantis US Small-Cap Value（AVUV/AVUVX）
- DFA US Core Equity 2（DFQTX）
- Dimensional US Core Equity 2（DFAC）

世界

- Avantis International Small-Cap Value（AVDV/AVDVX）
- DFA International Core Equity（DFIEX）
- DFA World ex-US Core Equity（DFWIX）
- Dimensional World ex-US Core Equity 2（DFAX）
- Dimensional International Core Equity 2（DFIC）

● Fidelity Intermediate Treasury Bond Index (FUAMX)
●iShares 3-7 Year Treasury Bond（IEI）
●iShares 7-10 Year Treasury Bond（IEF）
●iShares U.S. Treasury Bond（GOVT）
●Schwab Intermediate-Term Treasury（SCHR）
●SPDR Portfolio Intermediate-Term Treasury（SPTI）
● Vanguard Intermediate-Term Treasury Index (VGIT/VSIGX)

混合スタイルのファンド

大型バリュー株＋利益率・質

アメリカ

●Avantis US Equity（AVUS/AVUSX）
●Avantis US Large-Cap Value（AVLV）
●DFA US Core Equity 1（DFEOX）
●Dimensional US Core Equity Market（DFAU）

世界

●Avantis International Equity（AVDE/AVDEX）
● Dimensional International Core Equity Market

小型モメンタム株

アメリカ

- AQR Small-Cap Momentum（QSMRX）

利益率・質

アメリカ

- DFA US High Relative Profitability（DURPX）
- Dimensional US High Profitability（DUHP）
- iShares Edge MSCI USA Quality Factor（QUAL）

先進市場

- DFA International High Relative Profitability（DIHRX）
- Dimensional International High Profitability（DIHP）
- iShares Edge MSCI International Quality Factor（IQLT）

期間

- DFA Five-Year Global Fixed Income（DFGBX）
- DFA Intermediate Government Fixed Income（DFIGX）

先進市場

●DFA International Small Cap Value（DISVX）
●DFA World ex-US Targeted Value（DWUSX）
●DFA International Vector Equity（DFVQX）
●Dimensional International Small-Cap Value（DISV）
●Schwab Fundamental International Small Company Index（FNDC/SFILX）

新興市場

●DFA Emerging Markets Targeted Value（DEMGX）

大型株モメンタム株

アメリカ

●AQR Large-Cap Momentum（QMORX）
● iShares Edge MSCI USA Momentum Factor（MTUM）International Developed Markets

先進市場

●AQR International Momentum（QIORX）
● iShares MSCI International Momentum Factor（IMTM）

新興市場

- DFA Emerging Markets Value（DFEVX）
- Schwab Fundamental Emerging Markets Large Company Index（FNDE/SFENX）

小型バリュー株

アメリカ

- Bridgeway Omni Small-Cap Value（BOSVX）
- EA Bridgeway Omni Small-Cap Value（BSVO）
- DFA US Small-Cap Value（DFSVX）
- Dimensional US Small-Cap Value（DFSV）
- Dimensional US Targeted Value（DFAT）
- DFA US Targeted Value（DFFVX）
- Fidelity Small-Cap Value Index（FISVX）
- Schwab Fundamental U.S. Small Company Index（FNDA/SFSNX）
- SPDR S&P 600 Small-Cap Value ETF（SLYV）
- Vanguard Russell 2000 Value（VTWV）
- Vanguard S&P Small-Cap 600 Value（VIOV）
- Vanguard Small Cap Value（VBR/VSIAX）
- iShares Russell 2000 Value ETF（IWN）
- iShares S&P Small-Cap 600 Value（IJS）

●Vanguard Mega-Cap Value Index（MGV/VMVLX）
● Vanguard Russell 1000 Value Index（VONV/VRVIX）
●Vanguard S&P 500 Value（VOOV）
●Vanguard Value Index（VTV/VVIAX）
●iShares Core S&P U.S. Value（IUSV）
●iShares Edge MSCI USA Value Factor（VLUE）
●iShares Russell 1000 Value（IWD）
●iShares Russell Top 200 Value（IWX）
●iShares S&P 500 Value（IVE）

先進市場

●DFA International Value III（DFVIX）
●Dimensional International Value（DFIV）
●DFA World ex-US Value（DFWVX）
●FlexShares Morningstar Developed Markets ex-U.S. Factor Tilt Index（TLTD）
●Schwab Fundamental International Large Company Index（FNDF/SFNNX）
●iShares MSCI EAFE Value（EFV）
●iShares MSCI International Value Factor（IVLU）

- SPDR S&P International Small Cap（GWX）
- Vanguard FTSE All-World ex-U.S. Small-Cap（VSS/VFSAX）
- iShares MSCI EAFE Small-Cap（SCZ）

新興市場

- DFA Emerging Markets Small-Cap（DEMSX）
- SPDR S&P Emerging Markets Small-Cap（EWX）

大型バリュー株

アメリカ

- DFA US Large Cap Value III（DFUVX）
- Dimensional US Marketwide Value（DFUV）
- Dimensional US Large-Cap Value（DFLV）
- Fidelity Large-Cap Value Enhanced Index（FLVEX）
- Fidelity Large-Cap Value Index（FLCOX）
- Schwab Fundamental U.S. Large Company Index（FNDX/SFLNX）
- Schwab U.S. Large-Cap Value Index（SCHV/SWLVX）
- SPDR S&P 500 Value（SPYV）
- TIAA-CREF Large-Cap Value Index（TILVX）

●DFA US Micro Cap（DFSCX）

●DFA US Small Cap（DFSTX）

●Dimensional US Small-Cap（DFAS）

●Fidelity Small-Cap Index（FSSNX）

●Schwab Small-Cap Index（SWSSX）

●Schwab U.S. Small Cap（SCHA）

●SPDR Portfolio S&P 600 Small-Cap（SPSM）

●SPDR S&P 600 Small-Cap ETF（SLY）

●TIAA-CREF Small-Cap Blend Index（TISBX）

●Vanguard Russell 2000 Index（VTWO/VRTIX）

● Vanguard S&P Small-Cap 600 Index（VIOO/VSMSX）

●Vanguard Small Cap Index Fund（VB/VSMAX）

●Vanguard Tax-Managed Small-Cap Index（VTSIX/VTMSX）

●iShares Core S&P Small-Cap（IJR）

●iShares Micro-Cap（IWC）

●iShares Russell 2000（IWM）

先進市場

●DFA International Small Company（DFISX）

●Dimensional International Small-Cap（DFIS）

●Schwab International Small-Cap Equity（SCHC）

- Vanguard FTSE All-World ex-US（VEU/VFWAX）
- Vanguard Total International Stock（VXUS/VTIAX）
- Schwab International Equity（SCHF）
- iShares Core MSCI International Developed Markets（IDEV）
- iShares Core MSCI Total International Stock Market（IXUS）
- iShares MSCI ACWI ex-U.S.（ACWX）

新興市場

- DFA Emerging Markets（DFEMX）
- Fidelity Emerging Markets Index（FPADX）
- Schwab Emerging Markets（SCHE）
- SPDR Portfolio Emerging Markets（SPEM）
- Vanguard Emerging Markets Stock Index（VWO/VEMAX）
- iShares Core MSCI Emerging Markets（IEMG）

小型株

アメリカ

- Bridgeway Ultra-Small Company Market（BRSIX）

シングルスタイルのファンド

マーケットベータ

アメリカ

- Dimensional US Equity（DFUS）
- Fidelity Total Market Index（FSKAX）
- Schwab Total Stock Market Index（SWTSX）
- Schwab U.S. Broad Market（SCHB）
- SPDR Portfolio Total Stock Market（SPTM）
- Vanguard Russell 3000（VTHR）
- Vanguard Total Stock Market Index（VTI/VTSAX）
- iShares Core S&P Total U.S. Stock Market（ITOT）
- iShares Russell 3000（IWV）

先進市場

- Fidelity Global ex-U.S. Index（FSGGX）
- Fidelity Total International Index（FTIHX）
- SPDR MSCI ACWI ex-U.S.（CWI）
- SPDR Portfolio Developed World ex-U.S.（SPDW）
- Vanguard Developed Markets Index（VEA/VTMGX）

付録A　実行――推奨する投資ファンド

次に、バッキンガム・ストラテジック・ウエルスの投資方針委員会が承認したファンドを紹介する[1]。つまり、これらはポートフォリオを構築するときに、まず検討すべきファンドと言える。ちなみに、投資信託のなかにも複数のシェアクラスがあり、低コストのものを紹介している。ただ、最低投資額が規定されているなどの理由で、すべての投資家が購入可能ではないものもある。また、ＡＱＲ、Bridgeway、Dimensionalなどのファンドは、許可されたファイナンシャルアドバイザーや退職金制度や529プラン（アメリカ政府が定めている学資積み立てのためだけに設けられた公的貯蓄制度）を通じて購入できる（一部の投資家にはＡＱＲファンドの低コストのＲシェアを購入可能な場合がある）。

ファンドを選択するときは、望むファクターや目標とするファクターがどれくらいのイクスポージャーになるのか、経費率、分散効果（証券の種類やそれらの加重割合）なども考慮してほしい。また、ＥＴＦ（上場投信）の場合はその流動性も考慮する。私たちは、ＥＴＦならば運用資産が一億ドル以上で、一日の出来高が五〇〇万ドルを超えるものを勧めている。

第38章

1．Jeffrey Ptak, “What Happens After Fund Managers Crush It?” The Evidence Based Investor (January 18, 2001). https://www.evidenceinvestor.com/what-happens-after-fund-managers-crush-it/

第39章

1．Kurt Vonnegut's obituary for Joseph Heller, The New Yorker (May 16, 2005).
2．Tiger 21 website. https://tiger21.com/

第40章

1．ジョナサン・バートン著『投資の巨匠たち』（シグマベイスキャピタル）のなかのポール・サミュエルソンの言葉

第41章

1．チャールズ・エリス著『敗者のゲーム』（日本経済新聞社）
2．Eugene Fama and Kenneth French, “Luck Versus Skill in the Cross-Section of Mutual Fund Returns,” The Journal of Finance (October 2010).
3．Mike Sebastian and Sudhakar Attaluri, “Conviction in Equity Investing,” The Journal of Portfolio Management (Summer 2014).

付録A

1．ファンドのリストは情報提供のみを目的としており、特定の投資や金融アドバイスを意図したものではない。また、特定の証券を買うよう推奨するものではなく、これらが利益を上げると想定すべきでもない。投資家は、投資する判断を下す前にファンドのリスクと投資の目的を慎重に検討し、募集に関する資料やそれ以外の関連書類をすべて評価する必要がある。

2. Robert McGough, "The Secret (Active) Dreams of an Indexer," Wall Street Journal (February 25, 1997).
3. Eleanor Laise, "The Mensa Investment Club : A Cautionary Tale," Smart Money (June 2021).
4. Peter Bernstein, The Portable MBA in Investment (Wiley, 1995).
5. Jonathan Clements, 25 Myths You've Got to Avoid (Simon & Schuster, 1998), p. 55.
6. James H. Smalhout, "Too Close to Your Money?" Bloomberg Personal (November 1997).
7. ゲーリー・ベルスキー、トーマス・ギロヴィッチ著『賢いはずのあなたが、なぜお金で失敗するのか』（日本経済新聞社）
8. Peter L. Bernstein and Aswath Damodaran (eds.), Investment Management (Wiley, 1998), p. 252.
9. Ron Ross, The Unbeatable Market (Optimum Press, 2002), p. 16.

第34章

1. 1996 Annual Report of Berkshire Hathaway.
2. 1992 Annual Report of Berkshire Hathaway.
3. 1996 Annual Report of Berkshire Hathaway.
4. 1991 Annual Report of Berkshire Hathaway.
5. 2006 Annual Report of Berkshire Hathaway.
6. 2004 Annual Report of Berkshire Hathaway.

第35章

1. Michael Learmonth, "Ratings Flood for Fox, CNN," Variety (September 27, 2005).
2. Jonathan Hartley and Matthew Olson, "Jim Cramer's Mad Money Charitable Trust Performance and Factor Attribution," The Journal of Retirement (Summer 2018).
3. Paul Bolster, Emery Trahan, and Anand Venkateswaran, "How Mad Is Mad Money?" The Journal of Investing (Summer 2012).
4. Joseph Engelberg, Caroline Sasseville, and Jared Williams, "Is the Market Mad? Evidence from Mad Money" (March 22, 2006).
5. Bill Alpert, "Shorting Cramer," Barron's (August 20, 2007).
6. Ben McGrath, "The Rise and Rise of Jim Cramer," New York Magazine (October 22, 2007).
7. CXO Advisory Group, "Guru Grades." https://www.cxoadvisory.com/gurus/

第36章

1. チャールズ・マッケイ著『**狂気とバブル**』（パンローリング）
2. エドワード・チャンセラー著『バブルの歴史』（日本経済新聞社）のなかの引用文

Services Review 2, no. 1 (1992-1993), pp. 1-71.
3. Gerstein Fisher, "Does Dollar Cost Averaging Make Sense for Investors?" (2011).

第27章

1. Jonathan Clements, The Little Book of Main Street Money (Wiley, 2009), p. xvii.
2. ナシーム・ニコラス・タレブ著『まぐれ』(ダイヤモンド社)

第29章

1. Meir Statman, What Investors Really Want (McGraw-Hill, 2010).
2. ジョナサン・バートン著『投資の巨匠たち』(シグマベイスキャピタル)
3. Meir Statman, What Investors Really Want.
4. ジェイソン・ツバイク著『あなたのお金と投資脳の秘密』(日本経済新聞社)
5. Meir Statman, What Investors Really Want.
6. Peter Lynch, "Is There Life After Babe Ruth," Barron's (April 2, 1990).
7. 1993 Annual Report of Berkshire Hathaway.
8. Meir Statman, What Investors Really Want.

第30章

1. Merton Miller and Franco Modigliani, "Dividend Policy, Growth, and the Valuation of Shares," Journal of Business (October 1961).
2. Hersh Shefrin and Meir Statman, "Explaining Investor Preference for Cash Dividends," Journal of Financial Economics (June 1984).

第31章

1. フランク・ナイト著『危険・不確実性および利潤』(文雅堂銀行研究社)
2. Ross Emmett, "Frank H. Knight and Risk, Uncertainty and Profit," Library of Economics and Liberty (2014).

第32章

1. Andrew Lo, "The Adoptive Markets Hypothesis," The Journal of Portfolio Management (2004).
2. Dwight Lee and James Verbrugge, "The Efficient Market Theory Thrives on Criticism," Journal of Applied Corporate Finance (Spring 1996).
3. Burton G. Malkiel, "Are Markets Efficient? Yes, Even If They Make Errors," Wall Street Journal (December 28, 2000).

第33章

1. Jonathan Fuerbringer, "Why Both Bulls and Bears Can Act So Bird-Brained," New York Times (March 30, 1997).

7．ジェイソン・ツバイク著『あなたのお金と投資脳の秘密』（日本経済新聞社）

第22章

1．Laurence Gonzales, Deep Survival (W. W. Norton & Company, 2003), p. 134.

第23章

1. ジェイソン・ツバイク著『あなたのお金と投資脳の秘密』（日本経済新聞社）

第24章

1．Itzhak Ben- David, Jiacui Li, Andrea Rossi, and Yang Son, "Ratings-Driven Demand and Systematic Price Fluctuations" (September 2021).
2．Bradford Cornell, Jason Hsu and David Nanigian, "Does Past Performance Matter in Investment Manager Selection?" Journal of Portfolio Management (Summer 2017).
3．同上
4．同上
5．Rob Bauer, Rik Frehen, Hurber Lum, and Roger Otten, "The Performance of U.S. Pension Plans" (2008).
6．Amit Goyal and Sunil Wahal, "The Selection and Termination of Investment Management Firms by Plan Sponsors," Journal of Portfolio Management (August 2008).
7．Molly Mercer, Alan R. Palmer, and Ahmed E. Taha, "Worthless Warnings? Testing the Effectiveness of Disclaimers in Mutual Fund Advertisements," Journal of Empirical Legal Studies (September 2010).

第25章

1．Wall Street Journal, "One 'Quant' Sees Shakeout for the Ages? '10,000 Years'" (August 11-12, 2007).
2．ロジャー・ローウェンスタイン著『最強ヘッジファンドLTCMの興亡』（日本経済新聞社）
3．Peter L. Bernstein, The Portable MBA in Investment (Wiley, 1995).
4．Peter Lynch, "Fear of Crashing," Worth (September 1995).
5．スティーヴン・ジェイ グールド著『フルハウス　生命の全容』（ハヤカワ文庫）

第26章

1．George Constantinides, "A Note on the Suboptimality of Dollar Cost Averaging as an Investment Policy," The Journal of Financial and Quantitative Analysis (June 1979).
2．John Ross Knight and Lewis Mandell, "Nobody Gains from Dollar Cost Averaging : Analytical, Numerical and Empirical Results," Financial

2．同上 p. 321.

第17章

1．ジョン・ラスキン著『二ツの道』（玄黄社）

第18章

1．ナシーム・ニコラス・タレブ著『まぐれ』（ダイヤモンド社）
2．Javier Estrada, "Black Swans and Market Timing : How Not to Generate Alpha" (November 2007).
3．同上
4．Eugene Fama, "The Distribution of the Daily Differences of the Logarithms of Stock Prices," PhD Dissertation, University of Chicago (1964).
5．ナシーム・ニコラス・タレブ著『ブラック・スワン』（ダイヤモンド社）

第19章

1．Claude Erb and Campbell Harvey, "The Golden Dilemma," Financial Analysts Journal (July/August 2013).
2．Claude Erb and Campbell Harvey, "The Golden Constant" Duke I&E Research Paper No. 2016-35 (May 2019).
3．Goldman Sachs, "Over the Horizon," 2013 Investment Outlook (January 2013),
4．Pim van Vliet and Harald Lohre, "The Golden Rule of Investing" (June 2023).

第20章

1．W. Scott Simon, The Prudent Investor Act (Namborn Publishing, 2002), p. 125.

第21章

1．ジェイソン・ツバイク著『あなたのお金と投資脳の秘密』（日本経済新聞社）
2．Jonathan Fuerbringer, "Why Both Bulls and Bears Can Act So Bird-Brained," New York Times (March 30, 1997).
3．ジョナサン・バートン著『投資の巨匠たち』（シグマベイスキャピタル）
4．Money, "Did You Beat the Market?" (January 1, 2000).
5．Don A. Moore, Terri R. Kurtzberg, Craig R. Fox, and Max H. Bazerman, "Positive Illusions and Forecasting Errors in Mutual Fund Investment Decisions," Harvard Business School Working Paper 99-123.
6．Markus Glaser and Martin Weber, "Why Inexperienced Investors Do Not Learn : They Don't Know Their Past Portfolio Performance" (July 21, 2007).

Exclusive, Lure Less- Elite Investors," Wall Street Journal (January 3, 2002).
2. Jonathan Clements, 25 Myths You've Got to Avoid (Simon & Schuster, 1998), p. 86.
3. ナシーム・ニコラス・タレブ著『まぐれ』（ダイヤモンド社）

第12章

1. Robert D. Arnott, Andrew L. Berkin, and Jia Ye, "How Well Have Taxable Investors Been Served in the 1980s and 1990s?" Journal of Portfolio Management (Summer 2000).
2. Charles Ellis, Investment Policy : How to Win the Loser's Game (Irwin, 1993), p. 24.

第13章

1. Herman Brodie and Klaus Harnack, The Trust Mandate (Harriman House, 2018).
2. Howard Jones and Jose Vicente Martinez, "Institutional Investor Expectations, Manager Performance, and Fund Flows," Journal of Financial and Quantitative Analysis (December 2017).
3. Amit Goyal and Sunil Wahal, "The Selection and Termination of Investment Management Firms by Plan Sponsors," Journal of Finance (August 2008).
4. Tim Jenkinson, Howard Jones, and Jose Vicente Martinez, "Picking Winners? Investment Consultants' Recommendations of Fund Managers," Journal of Finance (October 2016).
5. George Santayana, The Life of Reason : Vol. 1 : Reason in Common Sense (London, Constable, 1905).

第14章

1. テリー・バーナム著『トカゲの脳と意地悪な市場』（晃洋書房）
2. ジェレミー・シーゲル著『株式投資』（日経BP社）
3. ナシーム・ニコラス・タレブ著『まぐれ』（ダイヤモンド社）

第15章

1. Longboard Asset Management, "The Capitalism Distribution Observations of Individual Common Stock Returns, 1983-2006."
2. Hendrik Bessembinder, "Do Stocks Outperform Treasury Bills?" Journal of Financial Economics (September 2018).
3. 同上

第16章

1. ソネット・ディディエ著『「入門」経済物理学　暴落はなぜ起こるのか？』（PHP研究所）

Mutual Fund Performance : The Role of Trading Costs" (March 17, 2007). http://dx.doi.org/10.2139/ssrn.951367
5. 同上

第6章

1. チャールズ・エリス著『敗者のゲーム』(日本経済新聞社)
2. John Dowd et al., "In the Matter of Peter Edward Rose, Manager of Cincinnati Reds Baseball Club," (1989).
3. Douglas Coate, "Market Efficiency in the Baseball Betting Market : The Case of Pete Rose," Rutgers University Newark Working Paper 2008-003 (January 2008).
4. Raymond D. Sauer, "The Economics of Wagering Markets," Journal of Economic Literature 36, pp. 2021-64.
5. ジェームズ・スロウィッキー著『群衆の智慧』(角川書店)

第7章

1. Joseph Engelberg, David McLean, and Jeffrey Pontiff, "Analysts and Anomalies," Journal of Accounting and Finance (February 2020).

第8章

1. Encyclopedia Mythica.
2. Jim Davis, "Economic Growth and Emerging Market Returns" (August 2006).

第9章

1. Andrew Lo, "Can You Really Time the Market?" Kiplinger's Personal Finance (February 1997).
2. David Leinweber, "Butter Production in Bangladesh Is No Predictor of S&P 500," Wall Street Journal (April 5, 1996).
3. The Federal Reserve, "Humphrey- Hawkins Report, Section 2 : Economic and Financial Developments in 1997 Alan Greenspan" (July 22, 1997).
4. William Bernstein, "The Efficient Frontier" (Summer 2002).
5. Clifford S. Asness, "Fight the Fed Model : The Relationship Between Stock Market Yields, Bond Market Yields, and Future Returns" (December 2002). http://dx.doi.org/10.2139/ssrn.381480

第10章

1. Richard Ennis, "Institutional Investment Strategy and Manager Choice : A Critique," Journal of Portfolio Management 46, no. 5 (2020).

第11章

1. Karen Damato and Allison Bisbey Colter, "Hedge Funds, Once Utterly

ンローリング）
11. Eugene F. Fama and Kenneth R. French. "Luck Versus Skill in the Cross- Section of Mutual Fund Returns." Journal of Finance 65, no. 5 (October 2010), p. 1915.
12. Philipp Meyer- Brauns, "Mutual Fund Performance Through a Five-Factor Lens," Dimensional Fund Advisors White Paper (2016).
13. Andrew Berkin and Larry E. Swedroe, The Incredible Shrinking Alpha (Harriman House, 2020).
14. ジェームズ・スロウィッキー著『群衆の智慧』（角川書店）
15. William Berlind, "Bookies in Exile," New York Times (August 17, 2003).

第3章

1. Dr. Mark Rubinstein, "Rational Markets : Yes or No? The Affirmative Case," Financial Analysts Journal (May-June 2001).
2. Ron Ross, The Unbeatable Market (Optimum Press, 2002), p. 57.
3. Dr. Mark Rubinstein, "Rational Markets."
4. Raymond Fazzi, "Going Their Own Way," Financial Advisor (March 2001).
5. Charles Ellis, "The Rise and Fall of Performance Management," Financial Analysts Journal (2014).
6. 同上
7. Tim Riley, "Timothy Riley, author of Can Mutual Fund Stars Still Pick Stocks? A Replication and Extension of Kosowski, Timmermann, Wermers, and White (2006)." Critical Finance Review 10, no. 2 (2021), pp. 251-61.
8. Robert Kosowski, Allan Timmermann, Russ Wermers, and Hal White, "Can Mutual Fund 'Stars' Really Pick Stocks? New Evidence from a Bootstrap Analysis," Journal of Finance (December 2006)
9. 同上
10. Tim Riley, "Timothy Riley."
11. 同上
12. Ralph Wanger, A Zebra in Lion Country (Simon & Schuster, 1997).
13. ピーター・バーンスタイン著『リスク』（日本経済新聞社）

第4章

1. Amit Goyal and Sunil Wahal, "The Selection and Termination of Investment Management Firms by Plan Sponsors," Journal of Finance (July 2008).
2. Jonathan B. Berk, "Five Myths of Active Portfolio Management," The Journal of Portfolio Management 31, no. 3 (Spring 2005), 27-31.
3. 同上
4. Roger Edelen, Richard Evans, and Gregory B. Kadlec, "Scale Effects in

注

序章

1．Moshe Levy, “The Deadweight Loss of Active Management,” The Journal of Investing (July 2023).

第１章

1．マイケル・ルイス著『マネー・ボール』（早川書房）
2．Eugene Fama and Kenneth French, “The Cross- Section of Expected Stock Returns,” The Journal of Finance (June 1992).
3．Andrea Frazzini, David Kabiller, and Lasse Pedersen, “Buffett's Alpha,” Financial Analysts Journal (September 2018).
4．Eugene Fama and Kenneth French, “Luck Versus Skill in the Cross-Section of Mutual Fund Returns, The Journal of Finance (September 2010).

第２章

1．ウィリアム・バーンスタイン著『投資　４つの黄金則』（ソフトバンククリエイティブ）（編集部注　上記の改訂新版がパンローリングより、**『投資の４原則　低コストのインデックスファンドが人生100年時代の救世主』**として発売されている）
2．Raymond D. Sauer, “The Economics of Wagering Markets,” Journal of Economic Literature 36, pp. 2021-64.
3．Daniel C. Hickman, “Efficiency in the Madness? Examining the Betting Market for the NCAA Men's Basketball Tournament,” Journal of Economics and Finance (July 2020).
4．Guy Elaad, James Reade, and Carl Singleton, “Information, Prices and Efficiency in an Online Betting Market,” Finance Research Letters (July 2020).
5．ジェームズ・スロウィッキー著『群衆の智慧』（角川書店）
6．Brad Barber and Terrance Odean, “Trading Is Hazardous to Your Wealth : The Common Stock Investment Performance of Individual Investors,” Journal of Finance (April 2000).
7．Brad Barber and Terrance Odean, “Boys Will Be Boys : Gender, Overconfidence and Common Stock Investment,” Quarterly Journal of Economics (February 2001).
8．Brad Barber and Terrance Odean, “Trading Is Hazardous to Your Wealth.”
9．Brad Barber and Terrance Odean, “Too Many Cooks Spoil the Profits : Investment Club Performance,” Financial Analysts Journal (January/February 2000).
10．アンドリュー・トビアス著**『トビアスが教える投資ガイドブック』**（パ

■著者紹介

ラリー・E・スウェドロー（Larry E. Swedroe）

バッキンガム・ウエルス・パートナーズの経済・金融調査の責任者。８冊の著作と９冊の共著があり、複数の国のメディアにも寄稿している。早くから投資の科学を分かりやすく説明した本を発表してきた。訳書に、『間違いだらけの投資法選び　賢明な投資家が陥る52の落とし穴』『ファクター投資入門』（いずれもパンローリング）がある。

■監修者紹介

長岡半太郎（ながおか・はんたろう）

放送大学教養学部卒。放送大学大学院文化科学研究科（情報学）修了・修士（学術）。日米の銀行、CTA、ヘッジファンドなどを経て、現在は中堅運用会社勤務。２級ファイナンシャル・プランニング技能士(FP)。『ルール』『その後のとなりの億万長者』『IPOトレード入門』『株式投資　完全入門』『知られざるマーケットの魔術師』『パーフェクト証券分析』『バリュー投資達人への道』『新版　バリュー投資入門』『鋼のメンタルトレーダー』『投資の公理』『株式市場のチャート分析』『ミネルヴィニの勝者になるための思考法』『アルゴトレード完全攻略への「近道」』『長期的投資の醍醐味「100倍株」の見つけ方』『株式投資のテクニカル分析補完計画』『無敵の「プライスアクション＋価格帯別出来高」FXトレード』『システムトレード　基本と原則【実践編】』『バフェットからの手紙【第８版】』『ロジャー・マレーの証券分析』『漂流アメリカ』『モンスター株の売買戦術』『証券分析 第６版』『隠れた「新ナンバーワン銘柄」を見つける方法』『マルチタイムフレームを使ったテクニカルトレード』『桁外れの投資家たち』『全天候型トレーダー』『Best Loser Wins』『システム検証DIYプロジェクト【第２版】』『投資の４原則』など、多数。

■訳者紹介

井田京子（いだ・きょうこ）

翻訳者。主な訳書に『トレーダーの心理学』『トレーディングエッジ入門』『トレーダーのメンタルエッジ』『バリュー投資アイデアマニュアル』『完全なる投資家の頭の中』『株式投資で普通でない利益を得る』『行動科学と投資』『トレードで成功するための「聖杯」はポジションサイズ』『バリュー投資達人への道』『鋼のメンタルトレーダー』『株式市場のチャート分析』『アルゴトレード完全攻略への「近道」』『バフェットからの手紙【第８版】』『株式売買スクール実践編　成長株早期発掘法』『Best Loser Wins』『システム検証DIYプロジェクト【第２版】』（いずれもパンローリング）など、多数。

2024年12月３日　初版第１刷発行

ウィザードブックシリーズ⑶⑹⑶

インデックスファンドを推奨する42の理由
――パッシブ投資は勝者のゲーム、アクティブ投資は敗者のゲーム

著　者　ラリー・Ｅ・スウェドロー
監修者　長岡半太郎
訳　者　井田京子
発行者　後藤康徳
発行所　パンローリング株式会社
〒160-0023　東京都新宿区西新宿 7-9-18　6階
TEL 03-5386-7391　FAX 03-5386-7393
http://www.panrolling.com/
E-mail　info@panrolling.com
編　集　エフ・ジー・アイ（Factory of Gnomic Three Monkeys Investment）
装　丁　パンローリング装丁室
組　版　パンローリング制作室
印刷·製本　株式会社シナノ

ISBN978-4-7759-7332-5